世界金融崩壊 七つの罪

東谷 暁
Higashitani Satoshi

PHP新書

プロローグ――世界経済を崩壊させたのは誰なのか

初めは「単なる信用不安」だといわれた

二〇〇七年七月にサブプライム問題が顕在化したとき、来るものが来たと思った人は多くなかった。低所得者向けの住宅ローンである「サブプライム・ローン」の焦げ付きが多くなったことが発覚しても、日本の経済新聞は楽観的な報道を続けていた。

また、同年八月九日にヨーロッパ中央銀行が金融緩和に踏み切り、同月十七日に公定歩合を〇・五％下げたときも、多くの金融関係者は「これは信用不安を払拭するための措置」と指摘していたにとどまる。

その後も、海外の経済誌や経済紙はアメリカの連邦準備制度理事会が過剰反応をしないように戒める論調を続け、「ベン・バーナンキ議長は政治的に動いてはならない」などと、むしろ金融緩和を加速することを牽制していたほどだった。

さらに、同月二十二日にシティグループ、バンク・オブ・アメリカ、ＪＰモルガン・チェース、ワコービアの大手銀行に、連邦準備銀行のほうから借り入れを要請し、同日、大手投資銀行のリーマン・ブラザーズが、傘下の住宅ローン会社ＢＮＣモーゲージを閉鎖してしまっても、まだ、これは一時的な現象だという論調は衰えなかった。

世界の経済史を塗り替えるような事件が起こっても、そのときに事の重大性に気がつくというのは稀である。

日本においても、一九九〇年一月に東京証券取引所の株価が下落を始めたとき、これは一時的な調整にすぎないと思った人のほうが多かった。もちろん、この株価下落が、これから十年以上にわたって続く、長期不況の始まりだと指摘した人はほとんどいない。それどころか、九二年になっても大蔵省（現・財務省）の高官は、株価も地価も反転上昇すると考えて政策を決めていたのである。

しかし、歴史の女神が微笑んで、その瞬間の光景を人間に記録させることも、ごくたまにはある。二九年十月二十四日、ニューヨーク証券取引所で暴落が起こったときのことを、同時代の編集者Ｆ・Ｌ・アレンは、二年後に刊行した本に次のように書き留めている。

午後になって、信じられないような噂が乱れとんだ――投機家が十一人自殺したとか、バッファローとシカゴの取引所が閉鎖されたとか、ニューヨークの取引所は、激昂した暴徒を防ぐために、軍隊が守っている、などである。国民は恐慌の苦い味を知った。銀行家の共同資金が、当座は完全な崩壊を喰いとめはしたが、経済構造が、ばっくりと大きく割れたという事実は否定しようもなかった。(『オンリー・イエスタディ』筑摩書房)

ばっくりと大きく割れた経済が垣間見せる深層

ここには、いまに至るまで信じられている投機家の自殺が、実は、噂に過ぎなかったという記述や、軍隊が出動したという風説が指摘されていて興味深い。しかし、何といっても印象的なのは、「ばっくりと大きく割れた」という個所だろう。

ここでアレンは「クラック・ワイド・オープン」という言葉を用いているが、まさに「永遠に続く」といわれた二〇年代アメリカ経済の繁栄は、あっという間にクラックして傷口を大きく開け、本格的に景気が回復するのは、十年後、ヨーロッパで戦端が開かれてからだった。もちろんアレンにしても、ニューヨーク証券取引所のクラッシュ(崩壊)の日に、その後のアメリカ史を見通したわけではない。しかし、この浸透力のある記述はいまも私たちを震撼させるのである。

現在、私たちが味わいつつある新しい「恐慌」は、おそらくこれからもっと苦くなるにちがいないが、それにしても何故このような事態が起こったのだろうか。いったい誰がこれほどの災厄を世界にもたらしてしまったのだろう。すでに多くの経済学者による分析がなされ、数多くの本が出版されているが、まだ、何種類もの説が乱立しているにすぎない。

サブプライム問題が顕在化した直後、金融関係者は「これは住宅ローン担保証券の格付けを行なっていた格付け会社のミスだ」などと語っていたものだ。その格付けが正確でさえありさえすれば、高度な数学によって作り上げられた証券市場は、まちがいなく順調に富を生み出していたはずだというわけである。

また、この信用不安はアメリカの住宅ローン会社が、あまりにリスクの高い貸し込みをしたからで、そうでなければ住宅ローン担保証券の市場は揺らぐことなどなかったという説もあった。だから、住宅ローンを元にした証券を売買する人に罪はなく、したがって、ウォール街は悪くないというのである。

さらに、こうした証券化商品の売買を保証していた保険会社が破綻していくと、ブームに煽られて無理な保証を行なった、強欲な保険会社が問題だったという話も出てきた。金融システムやデリバティブ（金融派生商品）は完璧だったが、そのシステムを乱用して儲けようと焦った人たちがいけないというのだ。

しかし、アメリカを中心とする世界金融が急速に収縮するにつれて、こうした金融システムを支える「連結部分」の失敗をあれこれ非難しても、これほどの巨大な破綻は説明しきれないことは明らかになった。現在も本当の原因はミステリーなのである。

いくら高度な数学で説明しても破綻の原因はつかめない

いま書店に並んでいるサブプライム問題についての本や金融危機にかんする書物は、経済学になじんだ人を対象にしているためか、証券化の技法や数式が並び、聞き慣れない金融工学の専門用語が多く登場する。そのいっぽうでよく読まれているのが、自らウォール街で金融技術を駆使して金融ビジネスで名を成した人の、体験記あるいは懺悔《ざんげ》録である。

いずれも実に興味深く、また、真実を知るためには必要なものだが、私はもう少し全体を眺めるようなものがあってもよいのではないかと思っていた。いずれは専門的分析の決定版のような本が出版され、おぞましい現場を知る人物による証言が収録された書物も出ることだろう。しかし、いまは一般の人が、専門的知識を必要とせずに、同時代史として俯瞰できる本が必要なのである。それがない限り、私たちは起こった事態が何だったのかに納得して、将来に立ち向かうことはできない。

しかも、専門家や現場の人たちが示唆しているのは、高度な理論や数学そのものが問題ではなかったということだ。つまり、高度な理論や数学を使ったふりをして、自分の利益を強引に追求し、あるいは、危うい理論や数学の応用に、その危うさに気づかずに邁進してしまうことから、多くの錯誤は生まれているらしいということなのである。

いろいろ前口上を述べるのは、ここらでやめておこう。今回の世界金融崩壊をもたらしたのは何者だったのか。本書ではこのことをテーマに、六つの「容疑者」をあげて捜査することにしたい。私たちが目の当たりにしている経済的現象は「百年に一度」の出来事だといわれている。もしそうなら、さまざまな角度から見直す価値は十分にあるといえるだろう。

簡単に、全体の「捜査」の概要を述べておこう。まず、第一章では、誰がこの惨事をもたらしたかを、アメリカの金融政策からあぶりだす。つぎに、第二章で、何が今度のバブルを加速させていったのかを推測してみたい。そして、第三章は、人々がなぜそのバブルをバブルと認識しなかったのかに探りをいれる。

さらに、第四章において、バブルを膨張させることになった金融街のテクニックを、その応用のされ方から観察する。そして、第五章では、こうした金融経済の暴走を支えたイデオロギーについて考察する。加えて、第六章を、アメリカという独特の文明のなかで、今回の事件を見直すのにあてることにする。実は、もうひとつの疑惑があるが、それは読んでからのお楽しみというわけである。

最初の容疑者は、ほかでもない、この「百年に一度」と述べた、アメリカ連邦準備制度理事会の元議長アラン・グリーンスパンである。グリーンスパンはいまや、まるで他人事のように世界金融危機を語るが、この危機をもたらすことになった金融経済政策は、実は、グリーンスパン自身が行なってきたのである。まず、彼の疑惑に迫ってみよう。

世界金融崩壊　七つの罪　【目次】

第二章　欲望　グリードの「仕組み」を考える

第三章　物語　今度こそ「新しい時代」が到来した

第四章　技術　繁栄をもたらす金融テクニックの罠

第五章 思想 世界を金融で改造するという傲慢

第六章 未来 アメリカを駆り立てる「チェンジ」と「保険」

エピローグ——二つの「感染」にどう立ち向かうか

第一章

巨匠

神の如き男の凡庸な弁解

「私は過ちを犯した」に込められた本当の意味

二〇〇八年十月二十三日、元FRB（米連邦準備制度理事会）議長アラン・グリーンスパンは、「私は過ちを犯した」と発言して、そのニュースは世界中を駆け巡った。いったい誰が、このような巨大な禍《わざわい》を世界にもたらしたのか、その答えを世界は待っていた。その答えがここにあったのだと、ニュースを聞いて思った人が大勢いたにちがいない。

前年七月に発覚したサブプライム問題は、最初は米投資銀行の子会社の破綻に過ぎないように見えたが、やがて破綻は投資銀行じたいにもおよび、また、巨大な商業銀行グループに波及し、ついには、巨大な保険会社までもが政府の管理下に置かれる状態となった。それだけではない。アメリカ国内の消費が下落してゆき、米産業の象徴ともいうべき自動車会社が次々と経営危機を迎えた。

サブプライム問題が発覚すると、ヨーロッパにすぐに飛び火し、英国の銀行が破綻して政府の管理下に置かれ、フランスの有名銀行も政府の援助を受けて、ようやくのことで維持された。しかし、中小企業向けの金融機関にも、サブプライムがらみの危険な証券が、大量に購入されていることが分かるにつれて、各国の政府はやがて積極的に救済に乗り出さざるをえなくなった。
九〇年代の金融危機の教訓から、リスクの高い投資には及び腰になっていた日本の金融機関は、そのお陰で欧米の金融機関よりサブプライム問題による損害はかなり少なくてすんでいた。ところが、東京証券取引所の下落は止まらなかった。「小泉改革の停滞がこの株価下落を招いた」などというテレビ司会者もいたが、株価には何より火元であるアメリカの消費落ち込みによる、日本の輸出下落予測が織り込まれていることは明らかだった。
こうしたなかでのグリーンスパン発言は、長期にわたってアメリカの金融緩和策を推進した人物が、バブル形成と崩壊の罪を認めたように受け取られかねないものだった。しかし、実はそうではない。グリーンスパンは次のように述べたのだ。

金融機関が自己利益を追求すれば、株主を最大限に守ることになると考えていた。私は過ちを犯した。

これは単に、他の金融関係者や経済学者と同じ認識をしていたと言ったに過ぎない。

本当にグリーンスパンは「無罪」といえるのか

たしかに、グリーンスパンが行なった金融政策が、現在の世界金融危機を引き起こしたという確固たる因果関係を見出すことは難しい。しかし、グリーンスパンは、FRB議長を十八年間も務めていたのだ。今回の金融危機にまったく責任がないとはいえない。しかも、その名声は金融の「法王」と呼ばれるまでに高まり、金融政策の手腕は「神の如き」とまで称賛されていた。グリーンスパンの言動はいまの世界経済の破綻と無縁ではありえない。

八七年にグリーンスパンがFRB議長に就任したとき、前任者のポール・ボルカーが「インフレ・ファイター」の異名をとった強力な金融政策を展開していたこともあって、小物の印象はぬぐえなかった。八七年二月にレーガン大統領が次のFRB議長として紹介した壇上で、大男ボルカーと並んで立った細身のグリーンスパンは精彩を欠いていた。

しかも、その年の十月十九日、ニューヨーク証券取引所で史上最大幅の価格下落が起こったとき、批判は一斉に就任して間もないグリーンスパンに向けられた。財務長官だったベーカーなどが、いまは微妙な時期だから慎重にとアドバイスしていたにもかかわらず、グリーンスパンは迂闊《うかつ》な利上げを行なってしまい、これが大暴落につながったとされたのだ。

この「ブラック・マンデー」と呼ばれた株価下落は、日本の保険会社が大量にアメリカ財務省証券（国債）を売却したからだとか、広く使われていた株式売買のためのソフトウェアに欠陥があって、投資家が一斉に売り注文を出したからだという説も有力だ。しかし、このとき利上げをしなければ、決して起きるはずのない下落だったこともたしかである。

さらに、グリーンスパンは、ウォール街では知られた投資コンサルタントではあっても、世界的な知名度という点ではボルカーにまったく太刀打ちできなかった。

ボルカーはＦＲＢ議長に就任する以前に、財務省の高官として世界中を飛び回り、ときには軍用機で移動するような、行動派の財務担当者として知られていた。しかし、グリーンスパンが最初に国際会議に出たときには、ほとんど新人扱いだった。しかも、アメリカ経済は九〇年代初頭、日本と同様に低迷して、人気経済学者ポール・クルーグマンなどは早々と財政出動を提案するほどだった。

アメリカ国民をして「奇跡」といわしめた金融政策

ところが、九〇年代も半ばを過ぎるころには、グリーンスパンの名声はすでに高まっていた。何があったのだろうか。

この間、第一期クリントン政権が行なった経済政策は、意外なことに増税だった。にもかかわらず、アメリカ経済は九三年ころから回復基調に入る。それは、グリーンスパンに率いられたＦＲＢが巧妙な金融政策を行なったからだといわれた。

ふつう、景気回復のためには財政出動によって消費を刺激し、同時に金融緩和を行なって投資を掻きたてる。減税が行なわれれば消費者は消費への意欲を燃え上がらせ、企業はさらなる事業への試みを行なう。金利が下げられれば資金調達が楽になるから、投資家はさかんに投資を行ない、企業家も新しい事業への先行投資を行なうだろう。

しかし、この時期の経済政策は違っていた。財政出動を行なうどころか、増税を断行してレーガン政権時代に急増した財政赤字の解消を継続し（父ブッシュ政権も増税していた）、それでも経済成長が実現していたのである。これはグリーンスパンの金融政策の力によるものだとの評価が高まっても不思議はなかった。

前出のクルーグマンは、九一年刊（原書）の『通貨政策の経済学』（東洋経済新報社）で簡便なモデルを用いて、「財政支出を削減して、所得水準が変わらないように金融緩和を行う」という経済政策が、「純輸出を刺激し、景気拡大をもたらす」ことを指摘している。ただし、この場合、「景気拡大は金利を押し上げるため、期待の変化が招いた自国通貨の減価と純輸出の増加を、相殺しないまでも鈍化させることになる」。

つまり、緊縮財政を実施しても、金融緩和を十分に行なえば、為替レートがドル安に振れて初めは景気拡大が起こるが、やがてこの景気拡大が金利を上昇させてしまうので、ドル安と輸出増加の効果を減殺してしまうというわけだ。

しかし、グリーンスパンが行なった金融緩和は、ドル安を招来して輸出を上昇させただけでなく、なかなか景気拡大に陰りが生まれなかった。それどころか、九五年ころには「雇用なき景気回復」といわれたものの株価は急伸を続け、九六年には、株価バブルに近いような状態にまでたち至ったのである。

グリーンスパンの「根拠なき熱狂」はパクリ同然だった

ニューヨーク証券取引所のダウ平均は、九五年から翌年にかけて五千ドルを突破して、六千ドルをうかがう勢いだった。いまから見ればたいしたレベルではないが、当時は驚くべき上昇だとされた。九六年十月中旬、ついに六千ドルを突破したとき、グリーンスパンは株価について何かを述べなくてはならないと思ったと、自伝『波乱の時代』（日本経済新聞社）には記している。それで、どうしたのか。

自伝にはまったく書いていないことだが、株価バブルの専門家であるイェール大学教授のロバート・シラーに来てもらって意見を聞いたのである。シラーは株価収益率と実質利回りなどの対照表を示しながら、自分の判断を述べた。それは異常な株価上昇であるというものだった（ロバート・シラー『根拠なき熱狂』プリンストン大学出版）。

その後、グリーンスパンの名声をさらに高めた「根拠なき熱狂」という言葉は、同年十二月五日のアメリカン・エンタープライズ・インスティテュートの夕食会で語られた。しかし、このときのスピーチは、株価の異常値をメイン・テーマとしたものでもなければ、この「根拠なき熱狂」とされた株価上昇への警戒も、きわめて長いスピーチのなかで、ほんの付け足しのように語られたに過ぎない。

実は、この時点でグリーンスパンは、本気で株価が異常値を示しているとも思っていなかった。また、景気が過熱しているとも考えていなかった。それはＦＯＭＣ（公開市場委員会）が決定する政策金利が、九五年十一月から翌年一月にかけて二度下げられて五・二五％となってから、九七年三月下旬までまったく放置されていたことからも分かるのだ。

この前後のグリーンスパンの言動は、たしかに株価を気にしていたが、それは高過ぎると考えていたのではなかった。彼は株価のレベルは実体経済を反映していると思っていたが、そのことを証明する適当な根拠が見つけられないでいた。つまり、「根拠なき熱狂」をしていたのはグリーンスパンその人だったのである。

「でも、アラン、そのことをどうやって証明するんだい」

アラン・グリーンスパンはこのころ、アメリカ財務省との非公式な意見交換会である木曜朝食会で、当時、財務副長官だったローレンス・サマーズに相談している。このときグリーンスパンは食事の手を休めて口を開いた。

「アメリカの労働生産性の伸び率が停滞しているが、実体経済の伸びや株価の上昇からすると、労働生産性はもっと上昇していてもおかしくない」

コンピュータはいたるところにあるが、将来の繁栄を予測する数値である労働生産性の伸びはどこにもない。これこそ、経済学者ロバート・ソローがそう述べたことから、コンピュータ導入についての「ソローのパラドックス」といわれるものだった。すぐれた経済学者でもあるサマーズは、おそらくは、「ああ、またそのことか」と思いながら、次のように答えている。

「たしかに、アメリカの労働生産性はずっと四十年にもわたって、一％ほど低く計測されてきた可能性はある。でも、アラン、そのことをどうやって証明するんだい」

グリーンスパンが目をつけたのは、消費者物価指数を検討していたボスキン委員会のレポートだった。消費者物価指数は標準的な消費者が購入する財・サービスの項目を作り、その価格上昇率にバイアスをかけた平均値「加重平均」を算出してその値とする。ボスキン委員会は、ハイテク製品の値下がりや、中国製品の流入が生み出した生活必需品の値下がりを織り込んで、それまでの消費者物価上昇率に、約一％は過大評価があるとしていた。

労働生産性は、実質ＧＤＰ（国内総生産）を国民の総労働時間で割った数値を基本にして算出する。そのさい、名目ＧＤＰから実質ＧＤＰを算出するさいに用いられる消費者物価上昇率が低くなれば、当然、実質ＧＤＰは高く見積もられることになる。その結果として、労働生産性も高く算出されることになるわけである。

米ジャーナリストのボブ・ウッドワードは、グリーンスパン称賛の評伝『マエストロ（巨匠）』（サイモン＆シュースター）で、グリーンスパンが取り組んだ労働生産性の算出法改変を、「経済におけるマンハッタン計画」などと呼んでいるが、必ずしも大袈裟だったとはいえないかもしれない。なぜなら、この算出法の改変はさらにＩＴバブルを煽って、世界経済を悲惨な破壊へと導いたからだ。

ＩＴバブル崩壊もグリーンスパンは「無罪」ではない

グリーンスパンたちは、ボスキン委員会の数値を基に労働生産性の見直しを行なったが、その結果、アメリカの労働生産性の伸び率は、〇・四七％低く算出されていることを「発見」した。そこで、九五年まではそれまでの数値に〇・〇四％を上乗せし、九五年以降の数値には〇・四七％をすべて上乗せすることにした。

当時、アメリカの労働生産性の伸び率は一・四％前後だったから、この数字の上昇はかなりの変化を示すように見えた。ＦＲＢや商務省が提示した労働生産性伸び率のグラフは、九五年を境にして上方に折れ曲がっているが、これは九五年にＩＴ革命が起こったからではなく、グリーンスパンが勝手に「ＩＴ革命元年」を決めたからなのである。

しかし、この子供だましのような折れ曲がったグラフが、ＩＴ革命が到来したという錯覚を世界中に蔓延させた。グリーンスパンはなおも「アメリカ経済には構造的といえる変化が起こった」と煽り続けた。米週刊誌『ニューズ・ウィーク』二〇〇〇年一月三十日号は、「アメリカを憎む者への警告」という特集を組んで、アメリカ経済の繁栄を称賛し、アメリカ的ライフ・スタイルの世界制覇を謳いあげて、「ここに新しい世紀へのメッセージがある。

アメリカを憎む者は自分自身を憎むことになる」などと論じた。

この「根拠なき熱狂」が崩壊し始めるのは、二〇〇〇年春にハイテク銘柄が多いナスダック証券市場が急落してからだった。同年秋にもインテルの株価が下落したのを切っ掛けに、他のハイテク株も急速に下落していった。二〇〇一年一月にはバブルの崩壊は明らかになった。グリーンスパンは書類ケースをもって走り回り、この間、金利を下げなかった失策を犯したFRB議長として、一時マスコミの揶揄《やゆ》の対象となった。

ところが、興味深いことにITバブルが崩壊して、九・一一の同時多発テロが起こってからのほうが労働生産性の伸び率は急伸した。ウォール街は「これぞIT革命の効果だ」と煽った。また、グリーンスパンの労働生産性算出法の改変を批判した経済学者ですら、この奇妙に見える現象を「エニグマ（謎）」と呼んだ。しかし、これは何の不思議もなく、謎ですらなかったのだ。

繰り返しになるが、労働生産性は実質GDPを国民の総労働時間で除して算出したものが基本になる。ということは、実質GDPの下落率より国民の総労働時間の下落率が大きければ、労働生産性の伸び率は上昇するだろう。そして事実、この時期にはバブル崩壊から起こった解雇や時短が急速に進み、半面、アフガニスタン戦争とイラク戦争による「ディフェンス・バブル（軍事バブル）」が景気を支えたので、労働生産性の数字は急伸したのである。

にわかに起こった住宅ブームがアメリカ経済を救う

グリーンスパンは自分が煽ったＩＴによる労働生産性の向上について、自伝のなかでも正しかったと強弁しているが、それでも「本書が印刷に回る二〇〇七年六月時点で、生産性伸び率が再び大幅に上昇したことを示す事実はなく、ハイテク機器の価格の下落率が大きくなったという事実もない」と書かざるを得なかった。

二〇〇七年のアメリカにおける労働生産性の伸び率は一・〇％にまで下落して、ＩＴ革命以前に戻ってしまった。住宅バブルによって雇用が急増していたからだ。しかし、サブプライム問題が顕在化した後、アメリカの労働生産性の伸び率は再び急伸した。金融破綻が広がって解雇と時短が拡大したからである。

グリーンスパンは自伝のなかで、労働生産性の向上は「長期的なもの」だと言い出して、かつての短期的な成果を煽った自分を弁護しようとしている。たしかに、多くの技術革新が十数年から何十年もかけて世界の労働生産性を向上させてきた。鉄道や道路網あるいは電気といったネットワーク型のイノベーションは特に効果が大きかった。しかし、九六年からごく最近までグリーンスパンが煽り続けていたのは、九〇年代の株価バブルを正当化する労働生産性の向上であり、それは「短期的なもの」で奇跡のようなIT革命だったのである。

このITバブル崩壊は、アメリカの経済をしばらくは停滞させるだろうと思われた。損失の規模においても、日本の九〇年のバブル崩壊ぶりと比べて遜色はないように見えた。しかし、アメリカ経済は九・一一後の株価急落から急速に立ち直り、新たな好景気を迎えた。この数年の間に何が起こったのだろうか。

ITバブル崩壊で失われたアメリカ国民の株式資産は、二〇〇一年から二〇〇二年までに三兆ドルを超えたといわれた。日本円に換算すれば約三百兆円ということになり、アメリカ国民の消費意欲は冷え込んでしまうことが予想される。しかし、同じ時期の住宅資産の上昇は二・五兆ドルに上った。にわかに起こった住宅ブームは住宅価格を急速に押し上げて、株式で喪失した資産のかなりの部分を埋め合わせていたのである。

プライム・ローンからサブプライム・ローンへ

この時期にニューヨークで調査をしていた日本人エコノミストによれば、ほとんどのアメリカ人エコノミストが「消費は冷えつかないだろう。住宅価格の上昇が消費を支える」と予測していたという。案の定、消費は回復するだけでなく、住宅価格の上昇に支えられて、じきに過剰消費が復活している。二〇〇三年になると、住宅価格もブームというよりはバブルの兆候を見せ始めていた。

英経済誌『エコノミスト』二〇〇三年五月三十一日号は世界の住宅バブルを特集して、ロンドンやダブリンなどと並んでニューヨークの住宅価格上昇が激しく、何か経済的ショックが起これば、アメリカの住宅価格は一五%から二〇%は下落するだろうとの予測を行なっている。しかも、同誌はアメリカ人の資産に占める住宅は株式の六倍に相当し、住宅価格の下落がアメリカ経済に与える影響の大きさも示唆していた。

もちろん、この住宅ブームは、グリーンスパン率いる連邦準備制度理事会が行なった金融緩和策によって支えられていた。今回の金融崩壊で最大の原因とされたサブプライム・ローンが本格化するのは二〇〇三年以降だから、それまでは政府系住宅金融機関であるファニーメイやフレディマックが扱うプライム・ローンが中心だった。にもかかわらず、すでにバブルの兆しは見えていたのだ。

サブプライムが急伸するようになって、グリーンスパンはその危険に気がついていたとはいうものの、経済的影響については楽観的だった。彼は自伝で次のように述べている。

とくにヒスパニックと黒人では、持ち家比率が劇的に上昇している。経済的に豊かになったうえ、政府が信用力の低い層を対象とするサブプライム住宅ローンを奨励して、マイノリティの多くがはじめての住宅を購入できるようになったからだ。

住宅バブルはグリーンスパンと米政府が起こした

また、ファニーメイとフレディマックがプライム・ローンにおいても審査が甘くなり、暴走をしていたことも、グリーンスパンは知っていた。

ブッシュ政権はさらに、金融市場の健全性を維持するために不可欠だとFRBが考えて助言した政策を取り入れてもいる。とくに重要なのは、二〇〇三年に、ファニーメイとフレディマックの行き過ぎを抑える動きをはじめたことだ。……ところが、両社の取引によって市場が歪み、危険にさらされるようになってきたうえ、問題が拡大しつづけているように思えた。だが両社は優秀なロビイストを雇っていたし、議会には強力な味方がいた。

グリーンスパンの自伝が奇妙なのは、政府系金融機関のプライム・ローンのほうは自分が助言したのに、ロビイストや民主党のせいで抑制が効かなかったと述べていながら、はるかに危険なサブプライム・ローンの加速については、政府の方針を評価して、アメリカにとってよかったと自分でも述べていることである。

わたしはそれ以前に、サブプライムの借り手向けの貸出基準が緩められたとき、金融リスクが高まることに気づいていたし、政府の補助によって住宅所有を促がす政策で市場が歪むことにも気づいていた。しかし住宅所有者層の拡大による利益は大きいので、このリスクをとる価値はあると考えていたし、いまも考えている。

いずれにせよ、この自伝を読むかぎり、住宅ブームを主導してついには住宅バブルをもたらした大きな要因が、グリーンスパンに率いられたＦＲＢの金融緩和策であり、ブッシュ政権のサブプライム推奨策であったことは否定できない。

そして周知のように、ブッシュ政権が推奨していたサブプライム・ローンが今回の金融崩壊を引き起こし、プライム（優良）なローンだけを扱っていたことになっていたファニーメイとフレディマックも、いまや完全に破綻して政府の管理下に置かれている。

二〇〇五年になると住宅バブルは誰の目にも明らかに見えた。この年、新規に購入された住宅の四〇％はセカンド・ハウスだった。同年、グリーンスパンはある席でこの住宅ブームはバブルではない、それは「フロス」だと語った。フロスとはビールなどの小泡を意味するが、このとき住宅バブルは、もはや破裂の兆しを見せていたのである。

二つのバブルは本当に放置するしかなかったのか

もちろん、巨大なアメリカ経済がバブルを拡大しているときに、いかに金融政策において絶大な権力を持つFRB議長でも、それを抑制して破裂するのを回避するというのは困難なことだろう。それはこれまでの、多くの経済バブルの歴史が示している。

そのことはグリーンスパンも述べていて、グリーンスパン崇拝者は必ずそのセリフを引用することで、グリーンスパンの二つのバブルにおける責任を弁護する。グリーンスパンは二〇〇六年十月、BMOファイナンシャル・グループ主催の昼食会で、バブルは抑制できないのかと質問されたとき、九四年のさいの〇・七五％の金利引き上げを取り上げ、それがバブルを解消できないどころか、悪化させてしまったと語り、次のように結論づけている。

こうして私たちはバブルが解消できないことを悟り、バブル自体ではなく、事後処理に集中することにしたのです。二〇〇一年まで緩和策をとらなかったのは、バブルが完全に終わったことを確認したかったからです。

しかし、これはまったくの言い逃れだった。グリーンスパンは九四年の利上げの直後、FOMCで「あらゆる観点から考えて、バブルが解消されたことを明確に示せた」と勝利宣言をしていた。さらに、翌年二月のFOMCでも自分の利上げが効果的だったことを誇っていたのである（フレッケンシュタイン&シーハン『グリーンスパンの正体』エスクナレッジ）。

私たちは市場から多くのバブルを取り除きました。現にこれまでの政策で成功した点のひとつは、人々が感じていた株価の不安定性を大幅に軽減し、懸念度合いを格段に下げたことでしょう。

グリーンスパンは、日本のバブル崩壊を詳細に研究することで、バブルを起こさない金融政策を編み出したとか、あるいは、穏やかなバブル崩壊に導くことで被害を最小に食い止めることを身につけたなどといわれた。

しかし、ＩＴバブルを回避することが出来なかっただけでなく、その崩壊のさいに行なった政策は、新しいバブルを作り上げることに過ぎなかった。しかも、その新しいバブルはグリーンスパンがＦＲＢ議長を去ってから破裂し、アメリカの金融システムが崩壊するほどの「事後処理」を強いられることになったのである。

すべての人たちから愛されるＦＲＢ議長の欺瞞

こうして見てくると、グリーンスパンが神のような能力を持っていたとか、あるいは、自分の言動に誠実な態度を取っていると認定することはできない。最初の失敗である「ブラック・マンデー」を招いた金利上げについて、自伝では次のようなことも記している。

ＦＯＭＣの議長は、ＦＲＢ議長が務めるのが慣例だが、正式には毎年、委員の投票によって選ぶことになっていて、ＦＲＢ議長以外の委員を選ぶこともできる。もちろん、通常は慣例が破られることはない。それでもわたしは、六人の理事に見放されれば、何の権限ももたなくなり、理事会の議題を書く以外の仕事ができなくなることをいつも認識していた。

その先を読んでいくと、利上げを強く主張したのは、ニューヨーク連銀総裁のジェラルド・コリガンであるということになっていて、しかも、「会議が終わるころには、近く利上げが必要だと全員が考えていたと思う」と記している。これでは、あの利上げは私の責任ではなかったと言っているようなものだろう。

グリーンスパンが九五年ころに悟っていたのは、金利を上げることで失敗すると批判が急激に高まるということだった。だから、九六年も株価が異常な上昇を見せているといわれても、数カ月にわたって金利は放置したし、むしろ、株価が異常ではないという理由を見つけようとあがいたのである。

以降、グリーンスパンの金融政策の基調は著しく緩和に傾斜していった。前任者のボルカーは常に金融引き締めを意識して、それまで一〇％を超えるインフレが続いていたアメリカ経済からインフレを払拭した。しかし、そのことであらゆる分野との摩擦が広がった。

特に規制緩和による企業刺激を政策に掲げるレーガン政権は、金融引き締めのボルカーが邪魔になり、レーガン派の理事をＦＲＢに送り込んで事実上「理事会の議題を書く以外の仕事ができなくなる」ようにしてしまった。これはボルカーの辞任騒ぎに発展し、レーガン政権のほうが引くことで最悪の事態は回避されたが、こうした歴史的事実を思い出しながら読めば、グリーンスパン自伝に込められた意味も分かろうというものである。

ことにグリーンスパンは政府との関係については、細心の注意を払ったことが推測される。ピーター・ハーチャーは『検証グリーンスパン神話』(アスペクト)で、歴代FRB議長のなかでも、最も頻繁に大統領と会ったのがグリーンスパンだったと指摘している。もちろん、グリーンスパンは政権の言うままに金融政策を実行したのではないだろう。しかし、他のFRB議長より頻繁に政権に気を使ったことは否定できない。

金融緩和はバブルさえ起こさなければ、ウォール街にも喜ばれ、株式漬けになっているアメリカ国民にも有難く思われ、政府にとっても好ましいものだ。事実、グリーンスパンは共和党のブッシュ父子政権にも民主党のクリントン政権にも評判がよかった。これがすべての人に称賛される、グリーンスパン金融政策の単純な「秘密」なのである。

アメリカ国民は経済危機が訪れるたびにグリーンスパンが何かしてくれることを期待し、グリーンスパンはそれに応え続けた。アメリカ国民は、経済が後退するとグリーンスパンが出てきて何かしてくれることを「グリーンスパン・プット」と呼ぶようになるが、このグリーンスパン・プットの行き着く先が、住宅バブルとその崩壊だった。

九〇年代のアメリカとグリーンスパンは「ラック」だった

それでは、グリーンスパンが九〇年代初頭にみせた「神の如き」金融政策とは何だったのだろうか。なぜ、クリントン政権が増税を実施しているなかで、グリーンスパンは金融政策だけで景気を回復できたのだろうか。

グリーンスパンFRB議長の下で、二年間、副議長を務めたプリンストン大学教授のアラン・ブラインダーは、カリフォルニア大学教授ジャネット・イェレンとの共著『良い政策悪い政策』（日経BP社）のなかで、あっさりと「ラック（幸運）」だったからと断言している。

もちろんブラインダーはFRBの政策が間違っていたとは言っていないが、次のように述べているのは、皮肉なニュアンスが感じられる。

幸運な状況、市場心理、予算合意の特徴がうまくかみあって、一九九三年に債権相場が上昇した。この組み合わせを繰り返し再現できるとは思わないので、財政政策引き締めがすべて景気を刺激するものになるとは考えないし、大部分の場合にそうなるとも考えない。

九〇年代のFRBによる金融政策を分析した、同じくプリンストン大学教授のG・グレゴリー＝マンキューの結論も、グリーンスパンに対して冷たい。九〇年代に需要も供給も安定した状態を維持したのは「ラック」であるに過ぎず、労働生産性が向上したのも「ラック」だったという（フランケル＆オルザック『九〇年代の米国経済政策』MIT出版）。

九〇年代のインフレの低さと経済の安定性は、自由裁量的な金融政策がうまく機能しうることを示してはいる。とはいえ、将来の政策決定者にとって遺産といえるようなものはほとんど何もない。

九〇年代の評価が、もしこの程度のものであるとするならば、二〇〇〇年代に入ってからのグリーンスパンの金融政策も期待できるものではありえなかった。その場合、ITバブルと住宅バブルにどのように対処したかが問題となるが、いまやほとんどの観察者が称賛するわけにはいかないことを知っている。

「私はリンカーン貯蓄組合について見誤った」

グリーンスパンに何か特別な、未来を見通すような能力はなかったことが、今回の金融危機で誰の目にも明らかになった。しかし、実は、グリーンスパンがＦＲＢ議長に就任した翌年に、そのことは露呈していたのだ。

八八年、アメリカ特有の住宅専門金融機関である貯蓄貸付組合が、つぎつぎに不祥事によって破綻した。政策ミスによる逆ざやが続出して、経営危機に陥った貯蓄貸付組合に対し、レーガン政権は融資条件の緩和と損失の補償という救済策を発動したため、悪用して乱脈融資を行なう貯蓄貸付組合が続出した。

なかでもリンカーン貯蓄組合は、その乱脈ぶりにおいて群を抜いていた。代表であるチャールズ・キーティングは、自分の経営する会社が巨大なホテルを建設するさいに、リンカーン貯蓄組合から野放図に融資させた。やがて完成した桃色大理石で飾られたホテルで、彼は夜な夜なパーティを開き、各界の有名人を大勢招待した（ジョン・スローン『レーガン効果』カンサス大学出版）。

そのなかには宇宙飛行士から上院議員に転じたジョン・グレンや、共和党の大物であるジョン・マケインもいて、かなりの高額の政治献金が渡されていたことも発覚した。この前後、貯蓄貸付組合問題の解決をはかるため顧問委員会が組織され、ＦＲＢ議長のグリーンスパンもそのメンバーに加えられたが、彼にとっては針のムシロの始まりだった。

というのは、八五年、グリーンスパンがまだ民間のコンサルタントだった時代、頼まれてリンカーン貯蓄組合の経営状態についての公的レポートを書いていたからである。しかも、グリーンスパンはリンカーン貯蓄組合からかなり高額の顧問料ももらっていた可能性が高かった。この「お墨付き」というべきレポートには、次のように書いてあった（ジャスティン・マーティン『グリーンスパン——通貨の黒幕』パーシュース出版）。

リンカーン貯蓄貸付組合の新経営者、およびその親会社であるアメリカ・コンチネンタル・コーポレーションの経営者は、直接投資の選択と実施において習熟かつ練達の域にある。……新経営者は、主に着実で高利率な直接投資についての専門的な選択によって、高い純利を維持し、活気があり健全な経営状態を強化している。

グリーンスパンは何も調べてはいなかったのだ。しかし、司法省はグリーンスパンを法的に追及することはなかった。というのは、このレポートは民間時代のものであり、金銭の授受も民間コンサルタントとしてのものだったからだ。それでもマスコミはしつこく追及して、グリーンスパンはニューヨークタイムズ紙のインタビューに不承不承答えている。

リンカーンの職員に最初に会ったとき、彼らは、自分たちがしていることについて分かっている、道理をわきまえた、常識的な人たちだとの印象を受けました。……もちろん、私は実際に起こったことを見通すことが出来なかったことを恥じています。私はリンカーンについて見誤った。彼らが最終的に何をするか、そして、彼らが最終的に起こす事件について見誤ったのです。

本章の冒頭で紹介した二〇〇八年十月の弁明と、何と似ていることだろうか。もちろん、人間には神の如き洞察力はない。「彼らが最終的に起こす事件について見誤った」のは当然だろう。しかし、アメリカ国民が知りたかったのはそんなことではない。調べれば分かるものを、なぜ、調べずに小銭稼ぎのレポートを書いたかということだった。

講演会をはしごして晩節を汚す元FRB議長

グリーンスパンは十八年もの在任中に得た名声を、辞任後も十分に利用してきた。在任中には発言が屈折していて「フェド・スピーク（FRB風の話し方）」と称された。これは、わざと分かりにくくした言葉を発し、市場やジャーナリズムの反応をうかがうためだった。ところが、辞任後に世界中を講演して回る彼の発言の明快さに人々は驚いた。

二〇〇七年二月、中国株が下落したさいにも「アメリカの景気は年末にかけて後退する可能性がある」と明瞭に述べ、同年五月には「中国株価ブームは持続不可能」と断じるなど、こんどは直言そのものなのである。お陰でその度ごとに世界中の株価は乱高下した。金融世界の裏事情に通じた人物が、何の配慮もなくストレートな発言を繰り返すことに、世界の金融当局は眉をひそめた。

英国の中央銀行総裁メルヴィン・キングなどは、「私の前任者（エドワード・）ジョージは、よけいな発言をしないでいてくれるので、本当に助かる」とあてこすった。このグリーンスパンの講演は、一回の講演料が十万ドルを下らない。ビジネス的モチーフも大いにあるといわれた。もしそうであるなら、かつての公職を通じて得た情報と名声を、自分の個人的なカネ儲けに利用しているわけであり、「晩節を汚した」といわれても仕方のない行為だろう。

いまも依然として、グリーンスパンは二つのバブルについて、自分の責任を認めようとはしない。認めるのは他の誰でもが陥るような、人間としての間違いについてだけだ。おそらく、グリーンスパンはこれからも、自分の金融緩和策が、今回の金融崩壊を招いたと言うことはないだろう。とはいえ、たとえグリーンスパンが自分の誤りを認めたとしても、果たして金融緩和だけで今回のような破壊的な金融崩壊が生じるのだろうか。この問題が次章からの課題といえる。

第二章 欲望

グリードの「仕組み」を考える

アメリカ人にとっての「住宅」というものの意味

戦後日本人の人生の目標は、自分の家をもつことだといわれてきた。それは、実は、アメリカ人にとっても同じことだった。いや、むしろ持ち家への願望はアメリカ人の方が強いかもしれない。日本とアメリカの住民は、何が何でも自分の家を持ちたいと思ってきた。それは先進諸国のなかで三十年を超える長期の住宅ローンが存在するのは、この二つの国だけだという事実を思い出すだけで十分かもしれない。

しかし、二〇〇三年ごろ、アメリカの住宅ブームがバブルに転じているのではないかといわれたとき、この国で起こっていたことに驚いたのは私だけではなかっただろう。ホームエクイティ・ローンというものが普及して、家を持っている者は、その家の価格が上昇した分だけ、新たに現金の融資を受けることができるというのだ。

たとえば、三千万円の家を買ったとする。住宅価格が高騰して、この家が三千六百万円の価値があるとされたとする。すると持ち主は価格が上昇した分の六百万円をキャッシュで銀行から融資してもらえるというわけだ。この仕組みがあるおかげで、IT（情報技術）バブル崩壊にもかかわらず、アメリカでは消費が下落せずに、逆に上昇したと褒め称える日本の経済評論家も存在した。

しかし、これはきわめて危険な仕組みであることも否定できない。たとえば、逆に住宅価格が二〇％反落したとしよう。このとき住宅の持ち主にかかる負担は、最初の三千万円だけではなく、ホームエクイティ・ローンで借りた六百万円が上乗せされる。

しかも、この六百万円はすでに自動車やコモディティ（商品）に使い果たしている可能性が高く、住宅価格が下落するような状況では、家もなかなか売れなくなっていることだろう。つまり、この時点での借金の総額は三千六百万円に膨れ上り、家を売ろうとすれば買い叩かれるという惨状に陥ることは火を見るより明らかだったのである。

これほど危険なローンだったのに、この仕組みはセカンド・ハウスを持つという新たな欲望を生み出した。すこし前なら株式に投資していたが、住宅ブームが急伸するなかでは、セカンド・ハウスを買っておけば価格が上昇する。そのための資金の一部は、いま持っている住宅の価格上昇分から生まれた現金を当てることもできる。

しかも、このセカンド・ハウスを人に貸して賃貸料を徴収すれば投資先としても高いリターンが見込まれる。こうした住宅投資は、プロはもちろんのこと素人にも魅力的な資産運用法に思えたのは自然なことだった。

サブプライム・ローンはサブ・ソサエティーを前提としていた

今回の金融危機がサブプライム・ローンに発していることは、いまや誰も否定できない。しかし、サブプライム・ローンが注目されるようになるのは二〇〇三年ごろ、つまり、住宅ブームが住宅バブルに転じてからだった。ウォール街の金融関係者は、このときの住宅価格の上昇を前提とすれば、それまで自分の持ち家がもてなかったヒスパニック系住民や黒人のなかの低所得者層にも、住宅ローンが組めることに気がついたのだ。

住宅ローンを組んで、その債権を証券に換えてバラバラに分けて売り捌《さば》く。あるいは、バラバラにした証券を集めて新しい証券をつくりあげ、ふたたび切り刻んで投資家たちに売却する。こんな危うい金融テクニックが、すでにウォール街の投資銀行とその周辺では日常化していた。

もちろん、こうした低所得者向けのローンは、ファニーメイやフレディマックといった、政府系住宅金融機関に持ち込まれて証券化される住宅ローンのような低金利では成り立たない。しかし、住宅価格が上昇しているのだから二割から三割あるいはもっと高い利子にすれば、住宅の購入者が支払いできなくなっても、十分に融資分の資金は住宅そのもので回収できるはずだった。

ヒスパニック系や低所得者層のなかには、一代にして大金持ちというアメリカン・ドリームの体現者にはなれなくとも、何とか持ち家を手にしたいと望む人々は大勢いた。いわばそれが彼らのアメリカン・ドリームの実現ともいえた。こうした積極的な夢を持つ、あるいは意欲のある低所得者層、つまりサブ社会の存在が、政府系機関に持ち込まれるプライム・ローンよりは下位の信用度の、サブプライム・ローンが成立する前提だったのである。

とはいえ、それまで住宅ローンを断られ続けていたサブ社会層の人たちに、高い金利なら大丈夫だといっても説得力に欠けるだろう。そこで出てきたのがアジャスタブル・レート・モーゲッジ（ＡＲＭ）といわれる金利変動型の住宅ローンである。

返済は無理なことを承知で住宅ローンを勧める

ワシントン・ポスト紙のコラムニストであるロバート・サミュエルソンが、二〇〇六年十月十一日付の同紙に「悩み多き家」を寄稿して、いくつかの事例を紹介している。

一人住まい向け住宅約十兆ドル市場の四分の一を占めるこのＡＲＭは、一年ごとに利子を変更することになっているが、アメリカ国債一年ものの利回りに年率二％から二・五％上乗せするのが普通とされていた。
ところが、二〇〇三年から翌年にかけて提供された「ハイブリッド型ARM」は、初めの三～五年こそ低い利子ですむが、その後、急激に利子が上がるタイプだった。たとえば、二十万ドルのローンを組んで四％の時期には、月に九百五十五ドル（当時のレートで約十一万円）の支払いですむ。ところが、ある時点で七・五％に急上昇すると、支払いは、なんと一千三百六十二ドル（約十五万七千円）になってしまう。

これほどのローンを払い続けるためには、住宅購入者は他の買い物を控えなくてはならなくなる。経済分析協会のスーザン・スターネによれば、二〇〇七年の住宅ローンの支払いは、個人の可処分所得全体の一五・六パーセントを占めることになるだろうという。

しかし、このケースなどは、まだ生易しい部類に入るだろう。サブプライム問題が発覚してから米経済誌は、住宅ローン会社が無理やり危うい住宅ローンを組んで家を買わせ、結局は破産させた例をいくつも報じた。『ビジネスウィーク』二〇〇七年八月十三日号の特集「建築業者たちの篝火《かがりび》」は、タイトルも凄まじいが、登場する事例も凄まじかった。

ロックビルに住むアーモンド・モットーは、妻のエリザベスとワシントンに近いクラークバーグに新しい家を買った。ビーザー・ホームズUSA社という建築業兼住宅ローン会社が盛んに勧めてくれたからだ。実は、二人の収入では政府系機関の保証も得られなかったのだが、ビーザー社はロックビルの家を売った収入があることにすれば大丈夫だと説得した。

ところが、気がつくと、アーモンドとエリザベスの二人で、年に十四万五千ドルの収入があるとはいうものの、二軒分で百万ドルの住宅ローンの負債を抱え、しかも、ロックビルの家は買い手が見つからなかった。

二人は四人の子供を抱えて、二つの家が「差し押さえられる崖っぷち」で恐怖におののきながら暮らし、結局は破産した。ビーザー社は、他でも不祥事を起こしたため当局の取調べを受けた。同誌は、ビーザー社にかぎらず、ウォール街での投資銀行を中心とする住宅ローン関連ビジネスの盛況に煽られて、前出のハイブリッド型ARMなどを押し付けた建築業兼住宅ローン会社は少なくなかったと報じている。

ウォール街は住宅ローンを証券化するために、大量の住宅ローン債権を欲しがった。そのため、安易で拙速な契約を煽った。いまや住宅ブームが失速して、住宅の差し押さえ率が上昇しつつあるなかで、大手の建築業兼住宅ローン会社が今回の住宅バブル崩壊で演じた役割に批判が集中している。

建築業者の篝火は、サブプライム問題が発覚すると、急速に市民を焼き尽くす激しい業火へと変わっていった。

金融街の「憧憬」だった投資銀行の変質

日本人でもウォール街の投資銀行で働いたことのある人は多い。そうした人たちにとっても、近年のウォール街の変貌ぶりは驚くべきものと映っていた。何冊もの魅力的な金融史を書いた倉都康行氏は、三十代でアメリカの銀行に移ったが、このときアメリカの投資銀行は「憧憬」の対象だったという(『投資銀行バブルの終焉』日経BP社)。

米銀はどこでも資本の論理を追求し始めていた。それは、古き良き時代の商業銀行感覚を許容しない動きとも感じられた。世界の金融は、投資銀行が理想型であることを認め、急速に舵を切っていた。そして評論家たちも、商業銀行を絶滅寸前の恐竜に喩えて、投資銀行こそが厳しい環境を生き延びる現代的生物だと評していた。

スワップやオプションといったデリバティブ（金融派生商品）に加えて、クレジット・デリバティブや証券化などの金融技術を駆使して、商業銀行では不可能な積極的なビジネスを展開する投資銀行が金融の最先端であると思われ、また、優秀な人材もここに流れ込んでいた。

しかし、こうしたさまざまな技術に潜む欲望の加速化についても、実は、人々はしだいに気がついていたのだ。倉都氏は次のように続けている。

だがその一方で、次第に投資銀行特有の利己的でネガティブな面が増幅され始めたのも事実であった。何にも増して利益優先という病巣の拡大によって、金融は何のために、誰のために存在するのかという問題意識が薄れたとき、投資銀行は壊滅的な作用を社会に及ぼしていく。金融の魔性とは、利益と理念のバランスが崩れたときに顔を見せるものなのだろう。サブプライム問題はその臨界点であった。

それでは、金融の魔性とは何なのだろうか。そして、利益と理想とのバランスとは、果たして可能なのだろうか。少しだけ時代を遡って見てみよう。

「強欲は健全なものだ」とボウスキーは語った

八〇年代、M&A（企業の合併・買収）のための資金集めで、独特のテクニックを開発したのが、投資銀行ドレクセル・バーナム・ランベールにいたマイケル・ミルケンだった。ミルケンは早くも大学生のころから投資に魅入られていたが、ある教授が書いたジャンク・ボンドについての論文から新しい資金調達法を思いついた。

ジャンク・ボンドとは名前のとおりジャンク（くず）のような信用の低い債券で、もちろんリスクが高いがその分だけリターンも高い。そこでミルケンが考えたのは、このジャンク・ボンドを欲深い投資家たちに購入させて企業買収のための資金を集めることだった。こうして調達された資金は、八〇年代のM&Aブームをまきおこした。

ミルケンは債券仲買人のアイバン・ボウスキーと組んで仕事をすることが多かった。このボウスキーは、オリバー・ストーン監督の映画『ウォール街』に出てくるマイケル・ダグラスが演じた投資家ゴードン・ゲッコーのモデルとされている。

この映画ではゲッコーがチャーリー・シーン演じる若者に向かって「強欲（グリード）は正しい」と語るシーンがある。それはフィクションだからで、いくらなんでもそこまで露骨に言わないだろうと思うかもしれない。しかし、実物のボウスキーは、大学の講師に呼ばれて自分の仕事について話したさい、「強欲は健全なものだ」と論じて、金融業界を目指す学生たちを興奮させた。

ミルケンとボウスキーは、ちょっとしたミスから映画のゲッコーと同様にインサイダー取引の容疑で逮捕される。ボウスキーはかろうじて実刑を免れたが、ミルケンは十年の実刑を受けた。検察はミルケンをこの捜査のターゲットにしていたのだ。

しかしその後、ミルケンは二年に減刑されて出所。二〇〇六年、シリコン・バレーに現れると「こんどは、何をやってくれるのか」と、ミルケンの前科を気にするよりも、カネに対する嗅覚に期待した連中は多かったのである。

「客のツラの皮をひん剝く」のがデリバティブの役割

金融の自由化と情報技術の進展によって、さまざまな金融技術が急激に発達したことも、こうした金融経済の野放図な拡大に寄与した。もともと、金融取引のリスクを軽減するためのテクニックだったスワップやオプションも、デリバティブとして、そのもの自体にいい値段のつく売り物となった。

おそるべきことに、高度な数学を用いるこれらデリバティブは、組成した当人にしか時価がわからないものもあり、ありもしない資産をあるかのように見せるために使われた。それが馬脚をあらわしても、デリバティブを売った金融関係者は罪が問われなかった。デリバティブの契約書は電話帳のような厚さがあり、そのなかには多くの免責条項が入っていて、たいがいの場合、金融機関は免責されているのである。

投資銀行モルガン・スタンレーに入り、九四年までデリバティブ市場の最先端で活躍していながら、良心の呵責にたえられず教職に転じたロバート・パートノイは、『大破局』(徳間書店)のなかで、同僚が素人には決してリスクが理解できない金融商品を顧客に売りつけたときのことを、次のように描いている。

このセールスマンは膨大な手数料を稼ぎ、その上、この自分の話に耐えきれずに笑いこけたのだ。ぼくも笑った。彼は話し終えるとぼくに、あるセールスマンが自分と同じことをしたとき、なんとそれを呼んだか分かるかと聞いた。ぼくには分からないと答えた。彼は「客のツラをひん剝《む》く」といった。「客のツラをひん剝く？」とぼくは聞き返した。一瞬、聞き違えたのかと思ったからだ。

この時期、「ツラをひん剝かれた」客には、カリフォルニア州オレンジ郡やプロクター＆ギャンブル社に加えて、大和銀行や住友商事なども名を連ねていた。ただ自分の業績をあげるために、最先端の数学を駆使して煙に巻き、理解ができない客から金をふんだくるというのが、エリート投資銀行員の仕事になっていたのだ。

「コニャックの空瓶」を売るテクニック

現在、ロバーツ・ミタニ・ＬＬＣの代表としてウォール街で活躍中の神谷秀樹氏にとっても、近年のウォール街は「強欲資本主義」でしかないという。神谷氏は『強欲資本主義　ウォール街の自爆』（文春新書）のなかで、強欲に魅入られた投資銀行の行員たちによる行状を多く紹介している。

こうしたエピソードのなかでも、「コニャックの空瓶売却」というテクニックは、これからの日本企業が攻勢に回るさい、ぜひ知っておくべき手口だといえよう。ファースト・ボストンのM&A部門で稼ぎ頭だったブルース・ワッサースタインとジョー・ペレラという投資銀行員が独立して、ワッサースタイン・ペレラという投資銀行を設立する。

やがて優秀な投資銀行家たちがやっている銀行だというので、ドイツのドレスナー銀行が買収したいといいだした。そこでワッサースタインたちと交渉の末に、かなりの高額で買収が成立し、ドレスナー・クラインウオート・ワッサースタインという新しい名前まで決まった。ところが、いざ業務を始めようとしたときには、ワッサースタインもペレラも退職して他の投資銀行に移ってしまったのである。

泣いたのはもちろんドレスナー銀行である。コニャックと思って買ったワッサースタイン・ペレラは、最大の資産である創業者の二人が抜けた。肝心の中身が消えたコニャックは空瓶になった。

この後、ドレスナー銀行は左前になって、アリアンツという保険会社の傘下に入り、さらにドイツのコメルツ銀行に売却されてしまった。たまたまサブプライム問題での損失が少なかった日本の金融機関はいま、海外の金融機関を買収するのに余念がないが、コニャックの空瓶だけは買わないようにして欲しいと願わずにはいられない。

技術革新の「ゆりかご」をダメにした強欲

資本主義の「エンジン」である技術革新を可能にするのは、すぐれた見識と勘による投資だといわれてきた。アメリカのイノベーションの壮大な「ゆりかご」ともいうべきシリコン・バレーには、トランジスタを発明したウイリアム・ショックレーを嚆矢《こうし》として、優秀なエンジニアたちが集まったが、彼らの発明や発見をビジネスに結びつけたのは、ベンチャー・キャピタリストやエンジェルといわれる資金提供者だった。

しかし、すでに八〇年代のパソコン・ブームのころから、このベンチャー・キャピタリストたちの性格が変質した。それほどの発明や発見でなくとも、ハイテク銘柄が多い株式市場ナスダックに上場させれば、出資者には巨額な株式売却益が手に入る。さらに、こうしたベンチャー企業のM＆Aにかかわると高額の手数料も獲得できる。

この上場益や手数料に目をつけたのが、ニューヨークに本拠地がある投資銀行だった。投資銀行がシリコン・バレーにやってきて考えるのは、「どのベンチャー企業に将来性があるのか」ではなく、「どのベンチャー企業が儲けのネタになるか」だった。九〇年代のインターネット・ブームのころには、てっとり早い利益を求めて投資銀行家たちが殺到し、儲けのための激しい競争を繰り広げた。

アンソニー・パーキンスとマイケル・パーキンスの『インターネット・バブル』（日本経済新聞社）は、ますます投機的になるベンチャー・キャピタルについて、次のように述べている。

競争の激化は、同時に、投資をすばやく決定しなければならないというプレッシャーを強めた。適切な注意や背景調査も、本来やるべきレベルとは程遠くなった。ニュー・エンタープライズ・アソシエイツのジェネラル・パートナー、アート・マークスは、「以前よりも乏しい知識をもとに、以前よりも早く決定しなければならない」と言う。

こうなってしまえば、ただのＩＰＯ（上場）合戦が始まるだけで、運よく儲かればいいし、運悪く儲からなければ、次のネタを探せばいいだけのことだ。どこに本当の技術があるかはまったく関係なくなってしまう。

インターネット関連のＩＰＯ（上場）銘柄に対する投資家の需要が大きく、また投資銀行業界内の競争が熾烈《しれつ》なため、投資銀行家が未成熟なままの企業の株式を公開し、重要な顧客がその銘柄を転売して巨額の売却益を得るのを支援する例が多く見られる。

こうした現象を、シリコン・バレーで活動する日本人のコンサルタントが、チャンスを最大化するための「多産多死」の仕組みだと称賛している。しかし、それは単なる投機的動機が最優先された末のベンチャー企業つぶしに過ぎなかった。

アメリカ社会で進展した金融の「民主化」

急速に価値を増大させていく株式や金融商品に投資したのは、必ずしも金融のプロだけではなかった。すでに述べたように投資目的でセカンド・ハウスを購入して破綻したのも、それまではごく普通の人たちだった。

株式や金融商品あるいは不動産への投資が広範囲の人々に普及することを、金融の「民主化」と呼んで称賛することがある。一般の人が投資をするようになることで、金融システムの恩恵に浴し、しかも、投資家が多くなることによって、金融市場は安定するというわけである。

アメリカの金融の「民主化」はこの二十年の間に急速に進んだ。前出のロバート・サミュエルソンは、二〇〇一年二月八日付のワシントン・ポストで次のように書いている。

一九二八年末、アメリカで株式を保有する人は全国民のわずか三%だった。二九年の株価大暴落後の三〇年ですら、それは一〇%に過ぎない。しかし、われらの時代、株式はまさに民主化されてしまった。八九年から九八年の間に、株式あるいは投資信託を持つ家庭の割合は、三二%から五二%にまで上昇している。

しかし、この民主化の実態は、膨大に膨れ上がった金融の素人が、金融のプロたちが吹く笛に踊らされてなけなしの金を差しだし、大当たりしたときにはそのほんの一部を手にし、失敗したときにはそのほとんどを負担するということに過ぎない。素人の小さな欲望は掻き集められて大きな欲望となるが、それを操って一儲けを企むのはプロたちなのである。

民主化と呼べば何か好ましい現象が進んでいるように思う人も多いだろう。しかし、その実態はこれまで投機などには無縁だった人々を、最初から損をさせることを前提で金融市場に誘い込むための仕組みに過ぎない。

強欲に取り付かれた人間は常に紳士のふりをする

こうした欲望を集約する仕組みは、必ずしも新しいものではない。これまでもバブルが発生したときには、しばしば観察されるものだった。そもそも、金融関係者が動かしているカネは自分のものではない。カネを動かして儲かれば彼ら金融関係者の儲けであり、損をすれば個人投資家たちの損ということになる。さらに過去に遡って見てみよう。

たとえば、一九二〇年代のアメリカで急伸した中堅のユニオン・インダストリアル銀行は、こう考える人間たちの巣窟《そうくつ》だった。この銀行の副頭取のひとりフランク・モンタギューは収入不相応の豪華な生活を支えるために横領グループの中心人物となっていた。また、同じく副頭取のミルトン・ポロックは、妻の病気の薬代がかさんだため仲間に加わっていた。

さらに、出納副主任のアイバン・クリステンセンは横領した二百万ドル以上のカネを自分の株式投資につぎ込んでいた。加えて、頭取の息子のロバート・ブラウンも出納係だったが、父親への反発もあってか、横領グループの一員になってしまっていた。

このグループは、顧客が預けている株券や手形をつかって、巧妙で大規模な為替偽造を行なった。顧客の信用を用いて自分たちの利益を追求し、損害だけは顧客に回そうと仕組んだのである。こうした悪辣《あくらつ》な連中だったが、定期的に会議室でその悪事のための打ち合わせを繰り返し、自分たちのグループのことは「紳士同盟」と呼んでいた（G・トマス他『ウォール街の崩壊』講談社学術文庫）。

一九二〇年代の「強欲」の代表はポンジ・システム

こうした二〇年代の金融不正事件のなかでも、チャールズ・ポンジが行なった「ビジネス」は、経済学史にその名を留めている。ポンジはフロリダ不動産バブルなどで名をあげる以前に、すでに窃盗や詐欺で何度も逮捕された経歴を持ち、二〇年代には資産運用会社を作って大衆から巨大なカネを掻き集めた。

ポンジは大衆に向かって「四十五日間、カネを預けてくれたら、五〇％の利子を払う」と約束したが、最初からその約束を守る気などなかった。ところが、これがすごい人気を呼んで巨額の資金が集まってしまう。

最初ポンジは集めたカネの一部で利子を払い、途中からは言葉巧みに再投資を勧めてごまかした。いよいよ行き詰まってからも言い逃れできると思って逃げようとしなかったので、部下が有り金をすべて持っていなくなってしまった。

読者は、こうした事件は犯罪であって金融ではないというかもしれない。しかし、こうした「犯罪」について、異色の金融経済学者ハイマン・ミンスキーは『金融不安定性の経済学』（多賀出版）のなかで繰り返し「金融」のひとつのタイプとして論じている。

たとえ本人の意図が必ずしも詐欺を目的とするわけでなくとも、ポンジ金融は、きわめてしばしば、常軌を逸した詐欺的な金融慣行と結び付いている。投資資金を借り入れたり、所得を手に入れたりする、利子や配当を支払う経済の主体は、さまざまな形態のポンジ金融に従事している。（一部表記を変更）

一九二〇年代に急速に拡大したポンジ金融は投資信託だった。金融機関は「アメリカは永遠に繁栄する」と煽り、ファンドを作ってうまく運用してみせるといって一般市民からカネを掻き集め、それを膨張する株式市場や不動産に投資した。このとき元本は保証されないという説明を行なったかなどは、いま以上にまったく曖昧だった。

金融機関は少額の元手しかなくとも、何倍もの資金を募集した。いったん利益が出た後でも、大儲けできると信じ込まされた大衆は、なけなしのカネを再投資した。それが博打に参加することだったと知ったのは、大暴落が起こって後のことである。

ファニーメイ＝フレディマックの「先駆者」ジョン・ロー

バブルが崩壊すると、それまで今の金融経済は最先端のもので、かつてとはまったく異なる新しい時代だといっていた経済マスコミや経済学者が、「これは昔もあったことだ」と思わせぶりに語り始めるのはいつものことだ。

しかし、今回のアメリカ金融崩壊で興味深いのは、一七世紀のオランダで起こったチューリップ球根バブルや英国を中心として生じた南海泡沫会社事件に加えて、フランスの王室に取り入って、ミシシッピー植民地を担保に金融バブルを生み出したジョン・ローが、もう一人のバブルの「元祖」として登場していることである。

ジョン・ローとは、一七一六年、いわば私設の中央銀行を設立し、預金を集めると同時に紙幣を発行して国家に貸し付けた人物だ。この紙幣はフランス国家が価値を保証することとし、その裏づけとして当時フランスが所有していた米ミシシッピー流域開拓のために西インド会社を設立した。最初はうまくいったように見えたが、一七二〇年に西インド会社の株式はバブル化して弾け、発行していた銀行券の価値も蒸発してしまった。

このミシシッピー植民地をアメリカの住宅資産に見立て、私設の中央銀行をファニーメイやフレディマックに、フランス王国を現在のアメリカだと見なせば、発行されていた紙幣は住宅ローン担保証券ということになって、ジョン・ローはめでたく今回のバブルの仕組みを考案した元祖ということになるわけである。強欲を煽る仕組みはいつも同じだという話の変奏曲にすぎないが、今回、特徴的だったのは、政府がバブルに深くかかわっていたという事実だ。

経済学者ガルブレイスが、その経済がバブルであるか否かを見破るのは難しくないと述べたことがある。金融にレバレッジ（梃子《てこ》）の仕組みが出来て、時代の天才が登場したと持て囃《はや》されたら、それはバブルだというわけである。この十数年は常に新しいレバレッジの仕組みが出来上がり、多くの有名および無名の天才たちがいたるところに登場した。こうしてみると、ＦＲＢが行なった長期的な金融緩和とアメリカ政府の経済政策によって、慢性的なバブルが続いていたのである。

常に投機で勝つ者の陰に「インサイダー情報」あり

ちなみに、ジョン・ローは、ペテン師と非難されて国外追放になったが、晩年はベニスでなかなか余裕のある暮らしをした。金融関係者のなかでも、新しい試みを行なう人間というのは、たいがいフットワークが軽快なので、バブルが崩壊してもすぐに逃げてしまうか、あるいは、新たに別の活躍の場を見つけ出すことが多い。

彼らは、多くの人間の欲望を読み、巨大な箱舟に乗るように誘いをかけるのだが、その箱舟が一度として黄金のアララト山に逢着したためしはなく、必ず洪水のなかで座礁してバラバラになってしまう。にもかかわらず、人々はこうした欲望の箱舟が新たに登場すると、我も我もと先を争って乗船しようと試み、そして裏切られるのである。

さまざまな工夫をして投資をしても、得をする人もいれば損をする人もいるのが市場というものだ。たとえば株式市場ですべての銘柄に投資をすれば、手数料分だけ損をすることになる。にもかかわらず、常に得をしている人がいるとすれば、その人は他の人と異なる情報をもっていることになる。つまり、インサイダー取引の疑いが濃厚なのである。

サブプライム問題については、この点についての指摘が少ない。それどころか、アメリカ経済がいますぐにも崩壊すると論じている極端な悲観論者はともかくとして、ほとんどが詳細にサブプライム問題の分析をしてみせたあげくに、いまも、次のように付け加える。「しかし、住宅ローンの証券化を敵視するのは間違っている。証券化自体は悪くなかった」。つまり、住宅ローンの債権を証券にしてバラバラに売ったこと自体は、金融の進歩だったというのだ。

もちろん、日本のエコノミストたちも、海の向こうの同業者の動向をうかがいながら同じことを主張している。しかし、その証券化の金城湯池《きんじょうとうち》であるアメリカで、この証券化こそが問題ではないかと指摘する論文がいくつか発表され始めている。

住宅ローン担保証券でもインサイダー取引が行なわれた

そのうちのひとつが、シカゴ大学大学院教授のアティフ・ミアンとアミール・スーフィーの論文『住宅ローン融資拡大の帰結――二〇〇七年の住宅ローン破綻危機の事例から』で、「我々はアメリカの住宅ローンの急激な債務不履行率の上昇は、証券化によって駆り立てられた住宅ローンの急激な拡大が、その主犯（メイン・カルプリット）であることを述べようと思う」との書き出しが、多くの関係者に衝撃を与えた。しかも、同論文は投資銀行とその周辺のインサイダー取引も示唆していて興味深い。

ミアンとスーフィーが指摘している事例とは、だいたい次のようなことだ。まず、以前は住宅ローンを融資していなかった地域の住民に、住宅ローンの証券化が盛んになってから融資するようになっている。次に、住宅ローンを借りた人たちの債務不履行率が急速に高くなったのにもかかわらず、住宅ローンの証券化はむしろ盛んになっていた。

さらに、驚くべきことには、証券化すれば住宅の価格は低価格で安定すると言われてきたが、逆に価格は上昇しているという。そして最後に、住宅ローンを証券化した資金運用会社の多くは、結果的に見ると、債務不履行率の高いものは他の会社に売却し、債務不履行率の低いものは子会社や関連会社に買わせているというのである。

ウォール街が証券化というテクニックを駆使してバクチのような金融取引に邁進するようになると、住宅ローン会社は引き取り手がいくらでもいる住宅ローンを乱造するようになった。モラルもすでに下落していたことが推測される。証券化とは誰も責任を取らないための仕組みなのだ。また、こうした狂乱の証券化は、目的とされていた住宅価格の安定をもたらしはしなかったこともわかる。

しかも、この論文は住宅ローン担保証券を売買するさいに、インサイダー的な違法行為が横行していたことをデータで示唆している点に注目したい。証券化が欲望を掻き立てて市場を暴走させる主犯だっただけでなく、その取引では仲間に利益を優先的に回すインサイダーが横行していたのだ。

事実、アメリカの投資銀行は、関連会社には安全と見られる証券を譲渡し、ヨーロッパの金融機関には最初から危険な証券を売却していた。だからこそ、金融機関の破綻が顕在化するのはヨーロッパのほうが早かったのである。

スキゾ経済は不確実な幻想の未来に人々を駆り立てる

こうした金融経済のなかで生きる人間が、どのような精神的状況に置かれるようになるかも考えておきたい。

八〇年代には、フランスのドゥルーズとガタリによって書かれた『アンチ・オイディプス』（河出書房新社）に拠りながら欲望に着目する議論が華々しかった。過去に拘泥する鬱（パラノイア）的な精神を脱して、分裂（スキゾ）的な精神で未来にむかって欲望を開放しようとする傾向に光を当てたからだ。注目すべきはドゥルーズたちが、欲望を資本主義という形で組み上げていったのは、流通の発達、ことにお金の流通だったと述べていた点だろう。

すでに精神病理学でも、スキゾな症状には、前後の文脈を喪失して未来を恐れるか、あるいは極端に憧れる傾向が見られることが指摘されていた。木村敏氏の『時間と自己』（中公新書）は、パラノイア親和的な精神が「ポスト・フェスティウム」つまり「後の祭り」の感覚に浸されるのに対し、スキゾ親和的な精神は「アンテ・フェスティウム」つまり「前夜祭」の高揚に傾斜することを指摘している。

彼らの現状否定と未来希求のもう一つの現われとして、その日常的行動における性急さを挙げることができる。彼らは待つということを苦手とする……彼らが真に望んでいるのは、具体的な退院や結婚などのような、予定された未来ではない。むしろ彼らは、未知なるものとしての未来に対して激しい憧憬を示す。結婚しさえすれば、進学しさえすれば、いままでの人生とは根本的に違った未知のなにかが開けてくるだろうと考える。（表記の一部変更）

もちろん私は、精神病理学をそのまま社会に応用するのには、多くの問題があることを知っている。また、スキゾ的症状は、いまは統合失調症の名で呼ぶことになっていることも分かっている。ここで木村氏の分析を紹介するのは、あくまで人間精神のありかたの類型のひとつだという意味においてである。

木村氏は、スキゾの人間は「つねに未来を先取りし、現在よりも一歩先を読もうとしている。彼らは所与の世界よりも、より多く兆候の世界に生きているといってよい」という。それならば、未来志向で好ましいではないかと思う人もいるかもしれない。しかし、その半面スキゾ人間の精神においては、現在との関係がまったく切断される。「すでに現前している事態に対しては、それが更なる未来の兆候として読まれるのではないかぎり、彼らはむしろ驚くべき無関心さを示す」（表記一部変更）。

ウォール街の投資家たちは、性急な利益追求に邁進していた。彼らは、未来への試みを果敢に繰り返していると思っているが、傍らから見ると「心的非連続性」（木村敏『分裂症の現象学』弘文堂）が顕著で、ただ手っ取り早い「富の最大化」に狂奔《きょうほん》しているに過ぎなかったのかもしれない。

マネーに群がるフェティッシュな欲望の構造

こうしたウォール街に見られる欲望には、もうひとつ別の側面もある。彼らは、単にお金に魅せられているだけではない。彼らが扱うのは黄金でもなく実はドルですらない、ただの電子化された数字なのだ。しかも、いくら電子化された数字を抱え込んでも、できる贅沢には限りがある。ここではやはり、さらに根本的なところまで遡ってみよう。

カール・マルクスが憎悪する資本主義を分析したとき、最初に取り掛かったのは、商品と貨幣の隠れた構造を明らかにすることだった。何気なく商品に接しているときには気がつかないが、商品とは人間の労働が形となったものにほかならない。そしてまた、商品を売買するさいに使われる貨幣とは、ただの紙切れでしかないのに、商品を手に入れる力があると信じ込まされている。

マルクスがここに見出すのは、本来は紙切れでしかないものを、途方もない力を持ったものとして崇める「物神化」の過程なのだ。特に注目すべきは、商品と貨幣の交換を行なうことによって、人々が紙幣というただの紙切れに、特別の力を感じるというフェティッシュ（物神的）な欲望なのである。

しかし、実は、人々は紙幣そのものを崇めているのではない。紙幣が商品を購入することができる力を崇めているのであり、さらには、商品というものを作り上げるために行なう、複雑で膨大な労働の組織的支配に強い畏怖を抱いているのである。

お金を持つということは、単に黄金や紙幣を持つことではなく、自由に商品を購入するという権力を持つことであり、労働を組織化する権力をその数値の分だけ手にしていることになる。さらに、お金が資本に転化して自己増殖を始めると、世界に広がる経済組織への権力を保持できるというイリュージョンが人々を駆り立てるようになる。

これはお金が紙幣になり、さらには電子化された数値になってしまっても同じことだろう。お金が資本へと転化した膨大な数値のマネーを手にすることは、高度に発達した人間社会の組織を支配する力を所有することであり、世界の隅々まで網目状に広がったネットワークをコントロールする権力をそれだけ貯えたことになる。つまり、ウォール街の欲望は、フェティッシュな数字への崇拝であると同時に、途方もない幻想的な世界支配への欲望でもあったのではないだろうか。

いうまでもないことだが、こうした幻想的で途方もない強欲は、実は、サブプライム・ローンを組まされたような人たちの、住む家が欲しいというささやかな欲望を、「民主化」によって掻き集めて巨大化したものなのだ。バラバラに存在している小さな欲望が、ネットワークを通じて世界金融を破綻させるほどの強欲に集約される。この恐るべき仕組みの存在が、現代の金融を支えていると同時に、経済そのものを危機に陥れるのである。

しかし、金融機関の人間たちがいかに「強欲」であろうと、連戦練磨の投資家や教養のある市民までが、明らかにいかがわしい金儲けを信じてしまうのはなぜだろうか。この問題については、次の章で考えてみよう。

第三章　物語

今度こそ「新しい時代」が到来した

金融が緩和されていれば、バブルが起こるのか

バブルの時代は例外なく金融緩和の時代である。一九二〇年代のアメリカも、八〇年代の日本も、九〇年代のアジアも、IT（情報技術）ブーム期と住宅ブーム期のアメリカもそうだった。しかし、それでは金融緩和が行なわれれば、必ずバブルが生じるのだろうか。あるいは、金融緩和がバブルの必要十分条件なのだろうか。

アメリカの住宅バブルについて、すこし斜めから見てみよう。そもそも、なぜ住宅バブルだったのだろうか。ITバブル崩壊の後、だぶついた投機マネーは住宅ではなく、たとえばバイオ・テクノロジーに向かうこともありえた。また、住宅バブル崩壊の後に起こったように、エネルギーや穀物に向かうことも可能性としては存在した。なぜ、住宅だったのか。

この問題に取り組んだのが、二〇〇〇年刊の『根拠なき熱狂』（プリンストン大学出版）でITバブル崩壊を予言して脚光を浴びた、イェール大学教授のロバート・シラーだった。シラーは二〇〇五年刊の『根拠なき熱狂　第二版』（カレンシー・ダブルデイ社）で、大幅に加筆して住宅バブルに取り組んでいる。まず通過しなければならない難関は、これまでアメリカでは、全国的な住宅バブルは起こったことがないという歴史的現実だった。

たとえば、これまでに一九世紀のカリフォルニア住宅バブルや、戦前のフロリダの地価高騰が知られている。しかし、それらはすべてローカルなバブル現象であり、その時代の、その地域固有の出来事に深く関係を持っていた

一八八〇年代、カリフォルニアのバブルは、一八六九年の大陸横断鉄道の完成を背景にして、風光明媚なこの地域が注目されたことから起こったといえる。ただし、注意しなくてはならないのは、住宅価格が高騰したのがロサンジェルス周辺に限られていたという事実だ。このバブルは八八年まで続き、八九年には破裂している。

一九二〇年代のフロリダ地価バブルも、当時の急速なモータリゼーションのなかで、大都市から自動車で行ける保養地としての価値が脚光を浴びたが、一九二五年にはピークを迎えて、やがて崩壊してしまう。これは二〇世紀前半における、最大の不動産バブルとして記憶されているが、やはりリージョナル（地域的）なものに過ぎなかった。

アメリカ住宅バブルに世界大都市のバブルが先行していた

例外的な全国規模の住宅価格上昇としては、一九四二年から始まったものが知られている。しかし、これはすぐに分かるように第二次世界大戦を背景としていた。

ルーズベルト政権は戦争に向けて傾斜生産を行なうため、住宅の新規建設を制限した。これは将来的な住宅供給の逼迫《ひっぱく》を意味したから、アメリカ全土の住宅価格を押し上げた。しかし、復員後に慌てて住宅を買わざるを得なかった人以外は、価格の安定化を待つことができたので投機的な状況には至らず、極端な価格高騰が生じることはなかった。

今回の住宅バブルには、こうした過去のバブルとは異なる要素が入り込んでいる。シラーによれば、今回の住宅バブルは、住宅が人の住む家として買われたからではなく、投機の対象となったことから生まれた。それは、アメリカ全土に住宅バブルが広がる以前に、世界の大都市における住宅バブルが先行していたことからも分かるという。

二〇〇三年の時点で、住宅バブルは世界の大都市に共通に見られ、英経済誌『エコノミスト』同年五月三十一日号によれば、九五年から二〇〇二年の間にダブリンは名目で二七三％の住宅価格上昇、ロンドンが一八二％、ストックホルムが一一五％で、これに比べるとニューヨークの七五％は注目に値しないように見えるほどだ。しかし、こうした世界の大都市におけるる住宅バブルが、アメリカの住宅を投機の対象にしてしまった。

経済学の入門書などには、同じ市場でも小麦の市場と住宅の市場は異なると書いてある。小麦は大量で比較的同質の、しかも運搬が比較的たやすい商品であるために、投機の対象となりやすい。いっぽう、住宅はその土地に縛られており、その地域内でしか取引されないから、投機の対象にはなりにくい。だからこそ、住宅のバブルは起こっても、たいがいは地域に限定されてしまうわけである。

しかし、世界中で住宅価格が高騰して投機の対象となれば、もはや地域からは切り離されてしまう。市場で住宅が売買されるとしても、それは住むという目的のためではなく、単に転売するためで、所有権だけが売買されるからである。シラーは記している。

住宅の投機的市場が巨大化することによって、他の投機的市場と同じように、私たちの生活を根本的に変えてしまう。かつてはきわめてローカルで、高速道路、運河、鉄道などの建設といった事態に限定されていた価格の変動は、国家的規模になり、さらには国際的規模にすらなる。住宅価格についての反応の変化は、人々が抱く資産価値のイメージを変えてしまい、投機的な価格変動に注目するよう促がすのである。

投機的行動を支えるのは「ニュー・エラ物語」

こうして住宅は投機市場に放り込まれるわけだが、シラーによれば、それだけでは長期的なバブルとは成り得ないという。投機的なバブル価格となった住宅が、それでも適正な価格であると信じる根拠が必要だというのだ。シラーは二〇〇八年に刊行した『ザ・サブプライム・ソリューション』(プリンストン大学出版)のなかで、住宅の価格を正当化する「物語」について論じている。

彼は、すでに『根拠なき熱狂　第二版』でも検討していた、カリフォルニアの住宅バブルを再び取り上げて、次のように指摘する。

しかし、なお謎は残る。カリフォルニアは広大な地域であり、すばらしい気候はこの広大な地域のどこでも似たようなもののはずだった。しかも、一八八〇年代に新しい家が建てられる土地として、農地もあれば原野もあったのだ。

にもかかわらず、人々はロサンジェルス周辺の限られた土地に押し寄せ、そして、住宅の価格を高騰させていった。ここには投機化することで市場が沸き立つという要素以前の、ある種の思い込みのようなものが存在する。

たとえば、人口が増えているから住宅価格も上がるとか、経済成長が続くから住宅価格も上がって当然だとか、住宅地は限定されているから住宅価格が急騰して当然とかの説だが、実は、どれをとってもまったく根拠にはなっていないのだ。

あらゆる投機的ブームを理解するうえで最も重要なエレメントは、こうしたブーム的思考の「社会的な感染」であり、こうした思考によって、急速に価格が上昇したことを納得するわけである。社会的な感染が起こることで、私が「ニュー・エラ（新時代）物語」と呼んでいるストーリー（物語）への信用がますます高まる。そして、人々はこのブームがこれからも続くと信じてしまうわけである。

いまこそ新しい時代が来たという根拠のない確信

実は、この「ニュー・エラ物語」についてシラーは、二〇〇〇年刊の『根拠なき熱狂』でもすでに指摘していた。このときには、主にＩＴブームについて述べていたわけだが、このときのＩＴ革命「物語」はどのようなものだったろうか。

株式市場のブームという点で重要なのは、インターネット革命のとらえがたい現実ではなく、この革命によって大衆が抱いた「印象」である。大衆の反応は、インターネットという体験的知識が持つ直感的な「もっともらしさ」に影響を受ける。そして、このもっともらしさは、結局、インターネットに関しては実例や主張を思いつきやすいという点からきている。日常的にインターネットを利用していれば、それに関する実例はいくらでも思いつくだろう。(邦訳)

実際、このインターネット革命の物語は、日本でも名のある経済学者たちによって広められたが、そうした学者の多くが、日常的にインターネットを利用している人たちであり、日常で経験したインターネットの効用は、途方もない夢物語となって日本国中にばら撒かれた。冷静に考えれば、とても正気の沙汰とは思えないような発言も多かったが、発言したのは大衆ではなく、日本でもトップクラスとされていた経済学者たちだった。そこには「いまこそ新しい時代が来た」という根拠なき確信が働いていたのだ。

たとえば、ある経済学者には、インターネットが、かつて社会主義経済が夢見た資源配分計算を可能にするものに思えた。また、ある経済学者によれば、企業組織においては中間管理職がまったく必要なくなり、流通機構からは問屋や商社といった仲介業はすべて姿を消すことになっていた。そして、自動車部品などもインターネット上の仮想市場で、自由に売買されることになっていたのである。

さらに、ある経済学者がいうには、すべての取引は携帯電話のキーをピッピッと押すだけで成立し、日本はＩＴ革命というチャンスに乗ることで、長期不況を克服することができることになっていた。シラーは記している。

子供の頃やった「伝言ゲーム」をご記憶だろうか。最初の人が簡単なストーリーを二番目の人に囁く。二番目の人は三番目の人にそれを囁き、順次それを繰り返す。連鎖の最後の人が、どんな話だったかをグループ全員に話すと、もともとの話とのあまりの食い違いに大笑い、というわけだ。少しでも複雑な話を人から人へ伝達していくとなれば、やはり信頼性が高いとはいえない。（同）

当時、多くの経済学者が、いまなら「大笑い」するしかない物語を真面目な顔で語っていたが、それはほとんど「伝言ゲーム」のようなものだった。しかし、この「笑い話」を笑えないのは、ブームからバブルに成長する経済の暴走は、こうした伝言ゲームによって生み出されるからなのである。

物語の感染を加速するネットワーク社会の構造

このニュー・エラ物語が感染する過程を考えるには、情報世界が持つ独特の構造に注目する必要がある。シラーが特に注意を喚起していたのは、最近インターネットで盛んに起こる「祭り」「炎上」あるいは「情報カスケード」が物語を感染させやすくして、株価にも大いに影響を与えているということだった。

インターネット上のカスケードに関して、先駆的研究を行なったキャス・サンスティーンは『リパブリック・コム』のなかで、あまりに容易に情報が選択できると、かえって情報の過剰集中である「カスケード」が生じると指摘している。カスケードとは「小滝」のことで、最初は滴だったものが、集まって滝になるというわけだ。しかし、現在のインターネットで起こっている「祭り」のなかには、政局を変えてしまうような巨大なものすらあることを考えると、もはや「小さい滝」だと思うわけにはいかない。

実は、こうした情報の集中についての研究は、経済理論家ハーバート・サイモンによって先鞭をつけられていた。サイモンは、アメリカの都市の規模に法則性が見られるのは、都市の規模が大きくなるほど人々を引きつけ、都市が小さくなるほど人々に魅力を感じさせないからだと、いわば心理学的に法則性を説明している。これは、アメリカの都市の規模を決めているのは、情報の偏在だということにほかならない。

いっぽう、アルバート＝ラズロ・バラバシやダンカン・ワッツのネットワーク理論は、ネットワークの構造そのものが情報の集中を生み出すことを証明した。まったくランダムなネットワークでは過剰集中が起こらないが、いくつかの拠点から支線が伸びるハブ・アンド・スポーク型にすると、効率のよいパフォーマンスを実現できるものの、過剰集中も起こりやすいのである。しかも、このタイプのネットワークでは、何か事故が起こるとハブにかかる負担が急激に大きくなり、過剰集中のためネットワークが崩壊してしまう危険すらあることも分かっている。

現在の情報処理のほとんどは、頻度によって重要性の序列を作り出し、また、情報網のほとんどはハブ・アンド・スポークス型のネットワークを構築している。いってみれば、わざわざ情報の過剰集中と崩壊が起こりやすいように組み立てているようなものだ。ほんの少しだけ注目されたものが、あっという間に情報カスケードとなってネットワーク全体を支配することもあれば、突然、ネットワークが機能不全に陥ることもある。シラーのいう「物語」

が感染するスピードも、その「物語」が崩壊するスピードも速いわけである。

日本のバブルも金融緩和だけで起こったのではない

ここで他のバブルについても振り返ってみよう。日本における八〇年代のバブルは、八五年のプラザ合意による円高シフト後に膨張し、八七年のブラック・マンデー後に加速されて九〇年に崩壊した。この間、日本銀行は円高による景気後退を避けるため金融を緩和し、また、ブラック・マンデー以後も金融緩和で経済の混乱に対処したので、日本のバブルも金融緩和が最大の原因だったといわれることが多い。

もちろん、それは間違いではない。しかし、金融緩和だけでバブルが生じたかは、アメリカのバブルと同様、かなり微妙な問題だろう。実は、日本の銀行が不動産の購入に積極的に融資を始めたのは八〇年代の前半からだった。吉冨勝氏は『日本経済の真実』（東洋経済新報社）のなかで、日本の銀行の不動産、ノンバンク、建設といった土地バブルの元凶への融資は、プラザ合意以前から始まっていたことをデータに基づいて指摘している。

銀行信用残高という総量（アグリゲイト）の増加率でみている限り、プラザ合意の前にも後にも、資産価格を二倍や三倍も急騰させるような銀行行動の変化は、読み取れないのである。ところが……これら全国銀行による不動産、ノンバンク、建設の産業種に対する貸出残高をみると、その伸び率がはるかに高く、かつ急増のタイミングもプラザ合意以前からみられる。

もちろん、こうした邦銀の行動は、アメリカの金融緩和によって生じた金利の自由化に影響を受けたものであることはたしかだろう。そしてまた、日銀の金融緩和が行なわれなければ不動産バブルが巨大に膨らんでいくこともなかった。吉冨氏は、金融緩和だけでは十分でなく、こうした邦銀の行動が必要だったと指摘している。

しかし、バブルが成立するにはさらにもうひとつ要因が不可欠だった。吉冨氏は、この時代のユーフォリア（多幸症）について次のように論じている。

ＰＥＲ（株価収益率）は八五年後半から八六年後半のたった一年余で、二倍になった。しかも重要なことは、その高いＰＥＲの水準が八九年末まで続いたという点である。高いＰＥＲが持続した一つの基本的な原因は、……日本経済の趨勢的期待成長率が六％近くへ高まったことにあったと考えられる。なぜ、期待が高まったか。当時の、世界の最先端をゆくマイクロエレクトロニクス技術革新と、それを生み出していた日本の企業システムに対する高い信頼の醸成の結果である。それがユーフォリアを生んだのだった。

「勝った」という奇妙な陶酔感が日本にはあった

ここまでは経済に限った場合の「ユーフォリア」の起源ということができる。しかし、さらに当時の日本に蔓延していた雰囲気は、いまでは信じられないような「勝利感」だったといえば、若い人たちは不思議に思うかもしれない。

日本は七〇年代の二度にわたる石油ショックを乗り越えて、省エネルギー体質をもった経済システムを構築した。そのことによって八〇年代に入ると、幾度かの景気停滞はあったにもかかわらず、エレクトロニクス関連の家電製品については圧倒的な競争力を身につけ、自動車の輸出においてもアメリカが恐れるほどの攻勢を続けた。八〇年代の中ごろになると、日本の経済における勝利は、日本が戦後の進路において小武装国家を選んだことにあり、それを世界がいま模倣しようとしていると主張した経済評論家の論文が称賛された。

また、ほぼ同じ時期に、それまでタカ派だとされてきた政治学者が、日本は「ブタの平和」といわれようと、防衛よりは経済に傾斜する「吉田（茂）ドクトリン」を墨守することで、経済と技術において圧倒的な力を備え、この冷戦時代の最終的な勝利者となろうとしていると主張した論文を発表し、これも多くの読者から支持されたのである。

この時期、レーガン大統領がさまざまな規制緩和を断行してレーガン革命といわれたが、実際には減税を行なって経済を刺激し、軍事費を増加させるだけの「戦時ケインズ主義」にすぎなかった。しかも、この「レーガノミックス」が、実は、まったくの失敗に終わっていたので、日本経済の「勝利」はもはや確実なものに思われた。

しかし、これは日本人が勝手にそう思っていただけで、当時、日本がアメリカ市場を圧倒していたのは家電と自動車の一部だけといってよく、大型コンピュータやソフトウェアなどの部門においては後塵を拝している状態だった。金融も、アメリカの商業銀行がつぎつぎと破綻したから、その間隙を縫って多くの銀行と証券会社が進出していたが、将来につながる拠点を築いた金融機関はそれほど多くなかった。

それでも日本国内に広がったのは漠然とした「日本の時代が来る」という期待だった。それはたとえば、次の覇権国家は日本だという議論が一部で流行りになっていたことからも垣間見ることができるだろう。もちろん、それは軍事力と政治力を行使する気のない国家にとっては根拠なき空しい夢想であり、経済のユーフォリアを加速しただけにすぎなかった。

アメリカの九〇年代の幸運は「ライオンの取り分」から生じた

こうした「勝利」からくるユーフォリアは、九〇年代のアメリカにおいても見られた。ただし、アメリカの場合は現実に旧ソ連との冷戦に勝利していたから、実質的にも「ライオンズ・シェア（勝利者の取り分）」を手にすることができた。

すでに第一章で述べたように、アメリカは九〇年代前半、財政緊縮かつ金融緩和という微妙で危うい経済政策上の選択をしたにもかかわらず、九〇年代半ばからの急速な成長路線に接続することが出来た。

アラン・ブラインダーはこれを「ラック（幸運）」と呼んだが、この時期のアメリカには冷戦に勝ったという高揚感があり、旧社会主義圏への進出というライオンの取り分があったことは考慮に入れていない。さらに、ライバルとされた日本経済の急速な後退も、アメリカ経済にとっては、明るい材料だったという点についても言及していない。経済学者はここまで方法論的に禁欲的だという見本だが、私たちはもっと視野を広げてもよいだろう。

アメリカは勝ったという感覚は、九〇年代前半のアメリカの国民心理であり、こうした感覚があったからこそ、九六年以降の株価急上昇も、当然のことと受け止められたのである。そしてまた、経済理論においてもアメリカの「勝利」を前提とするものに様変わりしていった。たとえば国際収支の経常赤字は、八〇年代にはアメリカ経済の衰退を表すものとされ、連邦準備制度理事会のボルカー議長も、議会で「要するにアメリカ人は稼ぐ以上に消費しているということだ」と述べていた。

ところが、九〇年代になると、経常収支の赤字と裏腹の関係にある資本収支の黒字が大きいことをもって、「アメリカの経済が魅力的なので、世界中から資金を招き寄せている」という話になってしまったのである。それは経済学の教科書にも反映していった。

もちろん、アメリカのモノづくりが次第に衰退していることも、金融と情報へのシフトは世界最先端の経済であるから当然だということになり、証券化やデリバティブに依存する危うい金融も、理想的な経済として持て囃されることになった。

こうした現象は、いまから見れば、長期にわたるアメリカのユーフォリアだったことが明らかだろう。そこには冷戦の勝利という「根拠」はあった。しかし、その合理的な意味を超えて、「根拠」のない物語を生み出すところに熱狂の恐ろしさがある。

永遠に栄えるアメリカという新しくて古い物語

こうしたユーフォリアは、もちろん大恐慌前のアメリカにも蔓延していた。第一次大戦のさい、戦場とならなかったアメリカは、多くの戦時物資をヨーロッパに輸出しただけでなく、巨大な資金をも供給することになり、世界最大の債権国へと変貌していった。

第一次世界大戦前、ようやく中央銀行である連邦準備制度を立ち上げて、金融においても世界の中心地へと変容しつつあったニューヨークは、戦後には異様な熱気に包まれていた。アメリカは永遠に栄えるという妄想の充満である。

一九世紀後半以降のアメリカには、自分たちが神に選ばれた国民であるという漠然とした信仰心も文化の深層に存在していたから、「永遠の繁栄」が現実を動かす物語になるのに障害はなかった。一九二九年の熱狂を、当時の編集者F・L・アレンが書いている。

いたるところで、新しい知識が賢しげに披露されていた。「繁栄が衰退に向かっているって？　だって君、まだ始まったばかりじゃないか」。「アメリカに対して買い方に回れよ」。「合衆国を空売りするなよ」。「こうした株価のなかには、一、二年も経ったら、おかしいほど安く思われるものがあるだろうよ、ほんとだよ」。「まああの株を見ていなさい――五百にはなるからね」。「あの会社の将来性はほとんど無限だ」。「優良株を持っていたら、あきらめずに持ち続けなさい」……投機の危険性については――ニュージャージー州の前知事ストークスが雄弁に語ったように――コロンブスもワシントンもフランクリンもエジソンもみな投機家だった、といわれて、人びとはうまく丸めこまれていた。（『オンリー・イエスタデイ』筑摩書房）

二〇〇一年に崩壊したITバブルの最中に、人々が描いたニューエコノミーという観念も同じようなものだった。ニューヨーク証券取引所のダウが一万ドルを超えてしまうと、それは異常な数値だとは考えなくなり、「ITがついに経済の景気循環を消滅させた」と論じて、新しい経済（ニューエコノミー）が生まれたと主張する経済学者が続出した。

『ビジネス・ウィーク』二〇〇〇年一月三十一日号は「アメリカがハイテクで急速に経済成長することが可能であることを示したからには、ニューエコノミーに抗うことのできる国はもう存在しないだろう」と論じた。

同じ時期、『ニューズ・ウィーク』二〇〇〇年一月三十一日号も「アメリカを憎む者への警告」と銘打った特集を組んで、アメリカ型のビジネスが世界を制覇しただけでなく、アメリカ的生活も世界を覆ったとして、最後を次のように締めくくっていた。「ここに新しい世紀へのメッセージがある——アメリカを憎む者は自分自身を憎むことになる」。

死から再生への神話を繰り返すアメリカ

ここまで高揚したＩＴバブルは、この二〇〇〇年春に生じたナスダックの下落と、同年秋に起こったインテルショックによって株価が急落し、翌年一月には株式市場の崩壊が明らかになった。同年九月十一日の同時多発テロは、さらに株価を下落させていったが、金融緩和と財政政策によって株価が上昇に転じると、台頭したのは「死と再生」の神話だった。

アメリカには大恐慌を扱った文学や映画は多いが、そこにしばしば見られるのが、いったんは死を迎えたアメリカという国が、苦難のすえに経済を立て直して、再生を果すというモチーフだ。これは宗教学者ミルチャ・エリアーデの言葉をまつまでもなく、世界中の通過儀礼にみられる「死と再生」の神話の通俗版にほかならない。

アメリカ版の「死と再生」は、そのほとんどがキリストの「受難と復活」と重ね合わせられていることは、すぐに気がつくだろう。ＩＴバブル崩壊と九・一一以後に見られた典型的

PHP SHINSHO

PHP新書

PHP研究所

学ぶ心

学ぶ心さえあれば、万物すべてこれわが師である。
語らぬ石、流れる雲、つまりはこの広い宇宙、
この人間の長い歴史、
どんなに小さいことにでも、
どんなに古いことにでも、
宇宙の摂理、自然の理法がひそかに
脈づいているのである。
そしてまた、人間の尊い知恵と体験が
にじんでいるのである。これらのすべてに学びたい。

松下幸之助

な「死と再生」のドラマは、映画『トレードセンター』を見れば歴然としていて、キリストのイメージまで登場する。この「死と再生」のモチーフこそ、ＩＴバブル崩壊から復活しただけでなく、住宅バブルを拡大し、さらには、ブッシュ政権が幼児的全能感に囚われて、合理的な判断を排除してイラク戦争に突入することになる最大の「物語」だったと私は考えている。

経済と戦争と物語をむすびつけるのは、無理筋だと思う人がいるだろう。しかし、そんなことをいっているのは、能天気な日本人だけかもしれないのだ。事実、二〇〇三年にイラク戦争が始まる前、モルガンスタンレーのアナリストであるスティーヴン・ローチは、おそらくは進行中の住宅バブルの崩壊を予測しながら、アメリカの経済を救うのはもはや政治的ショックだと論じて、次のように断じたものだった。「ここらで、中東における勝利がひとつ欲しいところだ」。

なぜロバート・シラーは金融技術を批判しないのか

バブルを生み出す物語を論じたこの章を終えるにあたり、ふたたびロバート・シラーの議論に戻ってみたいと思う。すでに述べたように、シラーはバブルを生み出す根源には、その時代に蔓延する「物語」があると指摘していた。それはまさにこの章を書くモチーフともなっていた。しかし、シラーの議論には奇妙なところも存在する。

シラーは『根拠なき熱狂　第二版』で、アメリカの住宅バブルは、住宅が住む家ではなくなり、投機の対象となったことから全国規模のバブルに膨らんだと論じていた。つまり、住宅という土地に縛り付けられた商品から、その所有権だけが取引される投機対象となる商品へと変容してしまったからだというわけだ。

この議論を進めていけば、所有権だけを取引できるようにしたのは、シラーが指摘していた世界の大都市における住宅価格高騰だけではないことが分かる。それと同等あるいはそれ以上に、住宅が金融市場で取引されるようになった「セキュリタイゼーション（証券化）」の仕組みこそが、住宅というものを証券に転換して、投機の対象になりやすくしたことを論じるべきだろう。

ところが、実に奇妙なことにシラーは『根拠なき熱狂　第二版』でも、さらに『ザ・サブプライム・ソリューション』でも、この肝心の住宅ローンの証券化の功罪について、まったく検討していないのだ。これは迂闊とか失念という問題ではなく、かなり意図的なものを感じざるを得ない。

しかも、シラーは『根拠なき熱狂　第二版』では、自分が中心になって開発した住宅価格指標であるケース・シラー指標が、住宅価格の高騰を抑制するのではなく、逆に加速してしまったかもしれないと記していた。つまり、信用のできる住宅価格指標が登場したことで、かえって住宅の投機に拍車がかかった可能性もあるといっていたのだ。

ところが、『ザ・サブプライム・ソリューション』では、このケース・シラー指標に基づく住宅ローン担保証券の先物市場がもっと拡大していれば、バブル拡大と崩壊は防げたかもしれないと論じるに至る。

このことは、後にもっと詳しく述べることにするが、シラーはデリバティブや保険の理論家でもあることから、こうした結論に至ったのかもしれない。しかし、もしそうだとするなら、これは正しい議論の変更といえるだろうか。そしてまた、こうした屋上屋を架すごとき議論が、はたして成り立つのだろうか。

次の章では、今回のバブルを拡大した証券化のテクニックや、デリバティブに代表される金融工学の罪業について見ていくことにしよう。

第四章

技術

繁栄をもたらす金融テクニックの罠

サブプライム問題で「証券化」の危険が明らかに

二〇〇七年夏、投資銀行の子会社が次々と破綻した。サブプライム・ローンを含む住宅ローン担保証券（MBS）の格付けが下落したために売れなくなり、資金繰りに窮してのことだったと報道された。そこでにわかに、このMBSというものに注目が集まり、同時にMBSを作り出すセキュリタイゼーション（証券化）についても、危うい金融テクニックとして論じられるようになった。

しかし、証券化が危うい金融技術だといわれたのは、このときが初めてではない。住宅ローンなどの債権だけでなく、不良債権や不動産あるいは事業そのものまでも証券化してしまって金融市場で取引する仕組みが、果たして大きなリスクを孕んでいないものなのか。それは経済学者にとっても、すでに二十年来の検討テーマだった。

もちろん、この証券化こそが、アメリカ金融経済の強さなのだと主張する経済学者やエコノミストは多かった。たとえば、日本の銀行が多くの不良債権を抱え込んだことに批判的だった日本の金融経済学者は、証券化によって債権をバラバラに切り離し売却すれば、流動性が高まるだけでなく、リスクの分散にもなるとして、日本の金融も証券化をもっと推進すべきだと主張していた。

アメリカの金融経済の繁栄を見てきたエコノミストは、もっと直截に証券化を推進しない日本の金融は没落するだろうと論じた。とうの昔にアメリカでは商業銀行の時代は終わって、いまや投資銀行が金融を仕切る時代になっているから、日本の金融も早く証券化を身につけ、金融を証券化すべきだというわけである。

サブプライム問題が発覚してからも、アメリカの金融専門家たちは、証券化じたいは問題ではないと言い続けた。今回の失態は証券を格付けする格付け機関が、本来の業務を怠ったからであり、それさえ改革すれば元通りになると述べたものだった。彼らは、証券化によって住宅ローンの金利が下がったおかげで、低所得者層の人も自宅が持てるようになったのであり、そんな優れた仕組みが悪いはずがないというのである。

しかし、これから見ていくように、問題はそれほど単純ではない。それだけなら、二〇〇八年九月に投資銀行リーマン・ブラザーズが破綻して、世界中に危機が波及することなどなかったろう。証券化というテクニックは、経済学者やエコノミストが頭のなかで考えているほど理想的な形で社会に貢献しているわけでもなく、また、格付け会社だけが反省して改革をすれば、問題は解決するというものでもなかったのである。

二つの「証券化」が急速に進展している

一九八五年、スイスのバーゼルにある国際決済銀行（ＢＩＳ）が発表したレポートは、いまや「二つの証券化」が急速に進展していると論じて注目を集めた。第一が、企業が資金調達を銀行からの融資に依存していたのが、株式市場あるいは社債発行にシフトするようになったという意味での証券化。第二は、債権や借金あるいは事業そのものまで証券に転換して、金融市場で売買するようになったという意味での証券化である。

七〇年代から八〇年代にかけて、アメリカの銀行は中南米の企業に過剰融資を行ない、巨大な不良債権が生まれた。この不良債権を処理するために使われようとしたのが、第二の意味での「証券化」だった。

アメリカ政府が世界中の金融機関に中南米の企業への追加投資を促がすいっぽうで、銀行が持っている不良債権を証券化して金融市場で売り出す。もちろん、この証券には利子がついていて、中南米の企業による返済がうまく進めば、購入した投資家は元利のすべてを手にすることができ、儲かるというわけだ。

この金融テクニックは、当時、シティバンクの会長だったジョン・リードが早々と中南米向け融資に貸倒引当金を積んでしまったので頓挫してしまう。いわばリードは抜け駆けをして証券化の試みを台無しにしてしまったわけだ。証券化のテクニックは、すでに七〇年代には登場していたが、本格化するのは八〇年代後半からで、九〇年代に日本の不良債権を安く買い叩くさいにも活用されたことはよく知られている。

この証券化は住宅ローンの債権にも応用された。最初は政府機関によってごく一部で行なわれたにすぎなかったが、八〇年代、レーガン政権の政策ミスで住宅ローン専門の貯蓄貸付組合が次々と不祥事を起こして破綻すると、住宅ローンを提供するための方法として急成長を遂げることになる。

政府系住宅金融機関が住宅ローン担保証券をリード

住宅ローンを証券化する方法というのは、次のようなものだった。住宅ローン会社や銀行が住宅ローンを組んで資金を融資する。すると元利を取り立てることのできる権利である債権が生まれるが、この債権を政府系住宅金融機関であるファニーメイやフレディマックに持ち込み、審査を受けて合格となると買い上げてもらえる。この時点で、住宅ローンの債権は住宅ローン会社や銀行のバランス・シートからは消えてしまう。

債権を買い上げたファニーメイやフレディマックは、住宅ローンの債権が一定量貯まったところで、これを住宅ローン担保証券（ＭＢＳ）としてバラバラに投資家に売却してしまう。投資家はＭＢＳの金額に応じて、元本返済と利子払いであるお金が、一定期間の後に手に入るというわけだ。

ＭＢＳは九〇年代から急速に普及し、アメリカ国民が住宅を購入するさい組んだローンの六割が、証券化をへてＭＢＳ市場に流れ込んでいった。ことに住宅ブームが起こった二〇〇一年以降は急伸して、二〇〇六年の時点ではＭＢＳ発行総額が六兆ドルを超え、アメリカ財務省証券（米国債）の発行残高五兆ドルを凌駕する規模にまで拡大していた。

二〇〇三年ごろには、住宅ブームはバブルの兆候を見せ始めるが、ここで投資銀行とその周辺が目をつけたのが、これまで住宅ローンを組むことができなかった低所得者層だった。通常なら、とてもローンを払いきれないはずだったが、ブームのなかで住宅価格が急伸していたので、それを前提にすれば彼らにも払える可能性が生まれていた。いや、正確にいえば、彼らにも払えるように見せかけた書類を作成し、また、低所得者にも払えるような錯覚を起こさせることができた。

そこで住宅ローン会社や銀行は、金利変動型のＡＲＭを説得材料にして、むりやりローンを組み、それを政府系機関にではなく投資銀行系の金融機関に売り払って一儲けすることができた。このことはすでに第二章でも述べたとおりである。

投資銀行の連中はMBSを切り刻んでCDOを組成した

いっぽう、こうした住宅ローンを引き受けた投資銀行とその周辺は、政府系機関と同じようにMBSを発行して投資家たちに売って手数料を大いに稼いだ。しかし、単にMBSを売って手数料を手にしても、その儲けには限界があるので、これをさらに集めてMBSをプールして債務担保証券（CDO）というものに組みなおすことを考え始める。

たとえば、大量に集めたMBSの平均利回りが五％だったとする。これをそのまま売っても面白い商売にはならない。そこで、MBSの固まりをたとえば三つに切り刻んで、シニア、メザニン、エクイティと呼ばれる部分に分ける。シニアの利回りは四％とやや低いが格付けはAAAで国債なみ、メザニンは利回りが六％で格付けがAAからBB程度と社債なみ、エクイティは利回りが二〇％と高いが格付けはなしという構成に変えてしまうわけである。

ウォール街ではこの操作を「スライス・アンド・ダイス」と呼んだ。もともとは料理用語で、切り刻んで賽《さい》の目にすることだが、情報工学に転用されて情報の解析を意味するようになった。金融ではCDOを複数のトランシュ（フランス語で切り身を意味する）に切り分けることは同じでも、「切り分けて（スライス）、そして博打をする（ダイス）」と読めてしまうところがなんとも意味深長である。

こうすれば、格付けが高くて安心できる金融商品が欲しい投資家や金融機関にはシニアを売り、格付けは中くらいで利回りが少しよい金融商品が欲しい金融機関にはメザニンを売ればよい。そして、格付けがないという危険きわまりないエクイティは、自分たちで確保して高い利子を稼ぐか、売り逃げることを前提で投機の対象にするヘッジファンドなどに売りつけるのである。

もともとのMBSに住宅ローンのデフォルト（債務不履行＝返済ができなくなる事態）が起こると、元利ともに得られなくなる順序は逆にエクイティ、メザニン、シニアの順で生じるが、CDOを組成してからしばらくはその危険はないから、投資銀行とその周辺の連中は、様子を見ながらエクイティの売却時期を考えるわけだ。

なぜ、こんな面倒くさいことをするのか。もちろん、CDOを売却する時点で自分たちの取り分である手数料は得られるが、他にも金儲けのネタが生まれるからにほかならない。まず第一に、切り分けるさい利回りの低いシニアの分量を多くとれば、メザニンやエクイティは、その分だけ利回りが高くなるから、自分たちの金儲けに使えること。そして第二に、格付け会社とつるんで実際より格付けを高くしてもらえば、その分だけ高く売れて自分たちの取り分を多くできるからである。

「格付け会社」は最初から、投資銀行の連中とつるんでいた

サブプライム問題が顕在化したとき、金融関係者の多くが「これは証券化そのものの問題ではなく、格付け会社が正しい格付けを行なわなかったから」などと述べ立てたものだ。しかし、格付け会社は金融商品を売買している金融機関から、格付けと引き換えに支払いを受けて維持されている会社である。そんな会社が、「利益相反」に陥らないと誰がいえようか。つまり、お手盛りをしてしまう可能性が大いにあるわけだ。

しかも、大量に集められたMBSのなかに、デフォルトを起こしやすい住宅ローンが含まれているかどうかなど、格付け会社が調べられるわけがない。そのことを知っているのはMBSを発行した投資銀行や特別目的会社だけであり、こうした金融機関ですら本気で調べているとは何の保証もなかったのである。

金融専門家たちのなかには、サブプライム問題が顕在化後にMBSについてなされた報道には、間違いが多いと指摘する人たちもいる。たとえば、住宅ローンをMBS発行機関に売却するさいには、「リプレゼント・アンド・ワランティ」といわれる内容保証を付けるので、債権を無責任に売り払っていたわけではないというのである。

しかし、現実に起こったことからすると、まず、こうした保証がどこまで内容を正確に反映したものであるかが疑わしい。また、こうした保証をどこまで本気でしていたのかも分からないケースが多い。そもそも、そうした保証が誠実に行なわれていたのなら、いまのような事態には至らなかっただろう。

金融工学の理論は「騙し」のために使われていた

ニューヨークでこうした金融テクニックを駆使する取引に従事していた堀川直人氏の『ウォール街の闇』(PHP研究所)によれば、金融理論はこうした取引を円滑にするために使用されるのではなく、むしろ、金融商品の購入者を煙に巻いてたぶらかすために使われている例が多かったという。

堀川氏は、ノーベル経済学賞受賞者ハリー・マーコヴィッツの「ポートフォリオ理論」を使ってMBSのリスクとリターンの値をごまかすテクニックを、その一例としてあげている。そのテクニックを、かなり単純化して紹介すると、次のようになる。

本来、MBSを組み立てるさいには、なるべく多くの種類の異なった性格を備えている住宅ローンの債権を集めることが前提となっている。たとえば、集められた多くの住宅ローンは、お互いに価格帯も違えば、住宅がある地域も違い、また、経済ショックが起こっても債務不履行になる度合いも異なっていることが必要とされる。

こうした理論を提示したのがマーコヴィッツだったわけだが、悪質な投資銀行はこの理論どおりにさまざまな住宅ローンを集めたMBSだと偽って格付け会社に持ち込み、リスクは低く信用は高いMBSだというお墨付き（格付け）をもらう。

しかし、現実にはせいぜい地域が異なる程度で、住宅の価格帯も似ていれば住宅の購入層も同じような住宅ローンからなっているために、リスクの分散がまったく十分でなく、したがって、本来のリスクはずっと高いわけである。

投資銀行はこのようにして、格付け機関をかませることにより、価値のないものにお化粧をほどこして投資家をペテンにかけた。サブプライムは犯罪として立件されたが、ウォール街ではそれ以外でも、犯罪すれすれの騙しが日常的に行われている。そこでは、ノーベル賞受賞の立派な理論も、ペテンの道具に堂々と使われるのである。

ノーザンロック銀行の破綻をもたらしたABCP

二〇〇七年七月にサブプライム問題が顕在化すると、まず、アメリカの投資銀行が抱える投資会社が破綻したが、同年九月には英国のノーザンロック銀行に取り付け騒ぎが起こって破綻。やがて国有化されて世界中の金融機関にショックを与えた。

ノーザンロックの場合、サブプライム関連の投資は、全体の一％程度であり、取り付け騒ぎもサブプライム問題の衝撃による「風評」が大きかったといわれる。しかし、この銀行の資産構成を見れば、今回のような金融危機に対して、いかに脆弱な経営戦略を採っていたかが明らかになる（以下五行、ローマ字とカタカナの嫌いな人は飛ばしても構わない）。

ノーザンロックはＭＢＳやＣＤＯを購入して、これらを担保にして短期の資産担保証券の一種であるＡＢＣＰ（アセット・バックド・コマーシャル・ペーパー）を発行することが得意な金融機関だった。ＭＢＳやＣＤＯを担保にＡＢＣＰを発行する特別目的会社をＳＩＶ（ストラクチャード・インベストメント・ビークル）というが「ノーザンロックは巨大なＳＩＶそのもの」といわれていたという。

次々と耳慣れない言葉がでてくるが、要するに住宅ローンから派生して生まれた証券を集めて、それを担保にＡＢＣＰというコマーシャル・ペーパー（すぐに換金可能な手形）を発行して儲ける特別目的会社がＳＩＶで、その業務を大々的に展開していたのがノーザンロック銀行だったたということだ（倉橋透・小林正宏『サブプライム問題の正しい考え方』中公新書）。

このＳＩＶのビジネスは、長期のＭＢＳやＣＤＯを買って短期のＡＢＣＰを売るというのが基本だ。バランス・シートでいえば、負債の側が短期で利子の低いＡＢＣＰであり、資産の側が長期で利回りの高いＭＢＳとＣＤＯというわけだから、何も起こらなければよいビジネスになる。ところが、サブプライム問題の顕在化で、ＭＢＳやＣＤＯの信用が下落したために、ＡＢＣＰの市場は急激に沈滞してしまった。

こうなるとＳＩＶは、ＡＢＣＰが売れないから回転資金が得られなくなり、ＭＢＳやＣＤＯも買えなくなる。ＳＩＶは次々と破綻して、ＳＩＶに出資していた投資銀行や商業銀行も巨大な損失を被ることになった。

もちろん、ＳＩＶの固まりのようなノーザンロック銀行も行き詰まって、ついには破綻して国有化されてしまった。このころ、ＡＢＣＰが金融危機を深刻化させていると報道されたが、その元にはＭＢＳやＣＤＯがかかわっていたわけである。

モノラインと呼ばれる堅実な保険会社を襲った悲劇

同じく、サブプライム問題が顕在化していくなかで、金融危機を増幅したとされたのがモノラインと呼ばれる保険会社だった。多くの種類の保険を手がけるマルチライン（複線）の保険会社に対して、地方債に絞ってモノライン（単線）の保険を専門にする会社という意味だった。

こうしたお堅いモノラインが業務拡大で住宅ローンを元にした住宅ローン担保証券ＭＢＳに進出したのが間違いだった。しかも、政府系住宅金融機関が証券化したＭＢＳではなくて、ウォール街の投資銀行が証券化したＭＢＳだったところに悲劇がある。

それまでモノラインはお堅い保険会社だったので、格付けはＡＡＡつまり最高だった。そんなモノラインが保証してくれれば、ＭＢＳは安全だということになって投資家も買いやすくなる。そこで投資銀行はモノラインに保証料を支払い、モノライン保証のＭＢＳを発行し、それを投資家たちに売却し続けたわけである。

ところが、投資銀行が発行したＣＤＯには、サブプライム・ローンを元に組成したＭＢＳ

が紛れ込んでいて、そのことが分かるや、すべてが疑わしくなった。モノラインの保証があてにならなくなっただけではない。モノライン自体の信用も崩壊して格付けが下落してしまう。さらには、格付けが下落してしまったモノラインの地方債も格付けが低くなってしまうから、アメリカの地方公共団体はパニックに陥った。信用のあるモノラインの保証なしでは起債できなかったからだ。

住宅ローンを証券化して、国債の残高を超える金額の住宅ローン担保証券を世界中にばら撒いていたアメリカ金融システムは、実は、保証機関の保証や格付け会社の格付けによって接着している、危うい巨大なマッチ細工のようなものだった。

住宅ローン担保証券から作り出されたＣＤＯを売買するゲームは、ババ抜きに喩えられる危険なゲームになっていた。実は、このババ抜きという喩えすらも正しくない。ババ抜きならばジョーカーがくればババを引いたと分かるが、ゲームの最中にサブプライム・ローンが含まれているＣＤＯであるか否かは、もはや誰にも分からない。しかも、この場合はババが一枚だとは限らないのだ。疑心暗鬼のなかでこのゲームは進行し、結局、破綻の連鎖を引き起こしたわけである。

ＡＩＧを破綻させたＣＤＳは「金融の大量破壊兵器」なのか

二〇〇八年九月、巨大な保険産業コングロマリットであるＡＩＧ（アメリカ・インターナショナル・グループ）が、事実上政府の管理下に置かれた。この時点で同グループは、本社をニューヨークに置き、世界の百三十を超える地域で事業を展開し、従業員は十一万六千人を擁していた。

ＡＩＧを破綻に追いやったのは、ＣＤＳ（クレジット・デフォルト・スワップ）といわれるデリバティブの一種で、同グループはＣＤＳによってＣＤＯなどの証券化商品を保証する業務を拡大していったが、これがサブプライム問題の顕在化で債務を抱え込むこととなり、結局、命取りとなった。

簡単にこのＣＤＳの仕組みを説明しておこう。たとえば、銀行が企業に融資をするさいに、銀行が保険会社に一定の保険料を払えば、企業が債務不履行を起こした場合、銀行が企業に融資した元本は保証される。このとき、銀行が持っていた債権はそのまま保険会社に移る。つまり、保険会社は破綻した企業の負債を丸ごと背負うことになるわけだ。

このＣＤＳによる保証は、金融市場で売買することもできるので、企業の格付けによって評価の異なるCDSが市場を行き交うことになるが、基本的には、こうした元本保証と企業に対する債権がスワップ（交換）される金融派生商品である。

もちろん、こんな奇妙なデリバティブなど取り扱わなければ、AIGは破綻にまで至らなかったかもしれない。しかし、利益の上がらない普通の保険から、住宅ローン担保証券の売買にからんだCDSを売買する路線に傾斜して、サブプライム問題が顕在化したとき、いっせいに生まれた膨大な不良債権を抱え込むことになったわけである。

デリバティブを進化させた「ブラック＝ショールズ式」

金融工学は、このスワップだけでなく、オプションなどのデリバティブを開発してきた。オプションは先物の売買に関するデリバティブで、たとえば、一カ月後にある品物を売る権利を「プット」といい、逆に買う権利のことを「コール」という。

私が一億円分の石油を持っていて、一カ月後に誰かに売ることにしたとする。もちろん、石油の価格は変動するから、一億一千万円になっているか、九千万円になっているかは予想がつかない。そこで前もって一億円で売るという「権利」を手に入れることができれば、たとえ九千万円に下落したとしても損をすることはない。もし、一億一千万円になったとすれば、この「権利」を放棄して一億一千万円で売ってしまえばよいのだ。

しかし、このプットやコールを、いったいどれくらいの値段で売ればよいかは、最近まで正確には分からなかった。この権利の値段を算出する方法を開発しようとしたのが、フィッシャー・ブラックとマイロン・ショールズで、さらに、ショールズがロバート・C・マートンと出会うことで、この研究は完成に向かった。六九年ころには、いわゆる「ブラック＝ショールズ式」が出来上がり、その後、比較的簡潔な形にすることに成功している。九七年にこの「ブラック＝ショールズ式」の研究に対してノーベル経済学賞が与えられたとき、残念ながらブラックはすでに死去しており、ノーベル経済学賞はショールズとマートンに与えられた。二人の名前は、最先端の金融工学研究者として世界中に広まった。

ところが、翌年、LTCM（ロング・ターム・キャピタル・マネジメント）というヘッジファンドが破綻したとき、再びショールズとマートンの名前が脚光を浴びた。二人はこのLTCMの主要メンバーであり、LTCMは、ノーベル経済学賞クラスの研究者を二人も抱えながら、なすすべもなく破綻したと嘲笑された。

LTCMの破綻は、自分たちの理論に自信がありすぎたせいだともいわれた。自己資本を理論的に許容できるギリギリまで縮小していたため、想定外だったロシア国債のデフォルトが起こったとき、資金のための追加担保が枯渇して追いつめられてしまったのである。

世界を変える野心をもっていたマートン

このLTCMの破綻以降、人前には姿を現わさなくなってしまったマートンは、子供のころには自動車のエンジニアになることが夢だった。父親は社会学者で有名なロバート・K・マートン。社会的フィードバックの研究で知られ、「自己実現的予言」と呼ばれる現象などを理論化したが、これは自分の発言が社会的フィードバックで実現していくという興味深いものだ。彼は、毎日、オイルまみれの息子を見てため息をついていたともいわれる。

ところが、息子のマートンは、コロンビア大学工学部に在籍していたとき、シンガーとフライデンという二つのミシン・メーカーが合併する話を聞いて、あるアイディアを独自に思いついた。このときシンガーの株は高く、フライデンの株は安かった。そこでマートンは仲間からお金を集めてきて、フライデンの株を買って、シンガーの株は空売りした。

これは、実はアービトラージ（裁定取引）と呼ばれる投資テクニックであり、シンガーとフライデンが合併したとき、若きマートンはかなりの額のお金を手にした。これ以降、彼は金融工学に取り付かれて、ノーベル経済学賞を受賞したポール・サミュエルソンなどについて本格的に研究を始めた。

ノーベル賞の受賞対象となったブラック＝ショールズ式だけでなく、多くの業績を金融工学に残したマートンは、現実の金融システムには多くの無駄があることに気がついていた。彼が研究しているデリバティブを応用すれば、たとえば、巨大な機構をもっている保険会社というのは、まったく必要がなかったからである。

この現実の世界において保証や保険のすべては、デリバティブによって実現できる。したがって、マートンにとって必要なのは、デリバティブを取引できる架空の市場だけであり、あとは何も要らないと思えたのである。彼の構想が現実化していれば、ＡＩＧのような巨大な保険コングロマリットなど、破綻する以前に消滅していたことだろう。

とはいえ、マートンたちが編み出した金儲けのネタになるブラック＝ショールズ式を称賛する保険業界の人々ですら、彼のデリバティブによる社会革命構想に賛成しなかったことはたしかである。また、たとえ世界がデリバティブに覆いつくされたとしても、その網の目を潜り抜けて「騙し」を考え付く人間は跡を絶たないに違いない。そして、そもそも、彼らの金融工学が教えている唯一のことは、何も特別な情報を持たない人間は、市場を出し抜くことが出来ないという単純な事実にすぎなかった。

アメリカの時価会計も金融商品のための技術だった

証券化にしてもデリバティブにしても、実は、効果をあげるにはもうひとつ肝心な仕組みが必要だった。会計における時価主義である。もともとアメリカ会計原則は原価主義であり、いまもそれは変わらない。アメリカで時価主義を適用するのは、投資目的で保有している証券や金融商品に限られていた。

日本では時価会計にすると不正がなくなるという、まったく根拠のない理由によって長期不況時に時価会計が導入されたが、時価会計の専門家である神奈川大学教授の田中弘氏によれば、かえって不正は起こりやすくなるという。また、日本では不況の時期に時価会計の導入が進められたが、こんなことは世界でも初めてのことだった。

会計学の歴史を振り返ると、インフレが進む時期には時価会計の採用が検討されることが多いが、「時価」というものの定義が難しく、結局は導入しても失敗に終わるというのが時価会計の歴史である。たとえば、保有する証券をほんの少しだけ高く売却して、その高い価格で資産を計算して実態をごまかすとか、デリバティブの価値を偽って高く見積もるといった不正が起こりやすいのだ。

また、不況時には資産の価値が下落するので、はなはだしくバランス・シートが毀損して、企業が破綻してしまうことになる。そんなことは子供でも分かるはずなのに、世界中が時価会計に移行しているから、日本もそうしなくてはならないという論理だけで、日本は不況時に時価会計を採用して自分たちの首を絞めたわけである。

アメリカやヨーロッパでは、証券やデリバティブを中心に時価主義を適用すれば、金融における好景気を加速することができた。特にアメリカにおいては急速に証券やデリバティブの価値が上昇したから、未曾有の好景気を印象づけることができた。時価主義の導入はむしろ、ウォール街が沸き立つための条件として選択されたのである。

しかし、いったん金融バブルが弾けてしまうと、今度は急激に証券やデリバティブの価値が下落するので、金融は激しく縮小することになった。アメリカではすでに二〇〇七年から時価会計の緩和が主張され、翌年の九月にはSEC（証券取引委員会）が時価会計の緩和に踏み切った。すぐにヨーロッパが中心の国際会計基準も一部凍結を言い出し、日米欧が歩調をあわせたのが同年十月である。

会計基準は守るべきルール（規則）だというのも正しいが、それはツール（道具）でもあり、ひとつの「技術」にすぎないという視点でも見ないと、日本のように馬鹿正直に守って自分で自分の首を絞めることになる。ウォール街はこの簡単な技術を、証券やデリバティブであこぎに儲けるのに使いすぎて自滅してしまったのである。

デリバティブを支えた「イトー」は金融に無縁だった

この章は、こうしたデリバティブを可能にする数式には、ある日本人数学者の功績があったことを紹介して締めくくりたい。

前述のように、九七年、マイロン・ショールズとロバート・マートンがノーベル経済学賞を受賞したとき、二人がともに口にした人物の名前が「イトー」だった。ブラック＝ショールズ式は、この数学者イトーの業績に全面的に依存していたからだ。

このイトーを求めて日本のマスコミは取材攻勢をかけた。当時、イトーすなわち伊藤清氏は京都大学名誉教授で、弟子たちを指導しつつ悠々自適の生活を送っていたが、突如、その平穏が掻き乱されてしまう。しかも、取材に来る人たちにいくら説明しても、肝心の「伊藤の公式」（「伊藤の定理」ともいう）を理解できる者はいなかった。

それでも、伊藤氏はまるで出来の悪い学生に教えるように、何度も何度も「伊藤の公式」について説明しようとした。この「伊藤の公式」は、戦時中の四二年にガリ版刷りの論文集に発表されたもので、水中の微粒子の「ブラウン運動」のようにランダムな動きを、数式で表現する画期的なものだった。

一見ランダムな運動にみえる動きが、比較的シンプルな数式で表現できれば、金融市場に見られるランダムな価格変動にも応用できるとショールズとマートンたちは考え、ついにはブラック＝ショールズ式のなかに取り込むことに成功した。

ショールズとマートンが繰り返し「イトー」の名前を繰り返したお陰で、イトーの名前は世界中に知れわたった。ウォール街でもっとも知られている日本人はイトーだという話もあったが、これはやや眉唾くさい。

ブラック＝ショールズ式は、すでにウォール街で使われている電卓に内蔵されていて、別にイトーの公式や名前を知らなくても使えたからだ。にもかかわらず、デリバティブが話題になると、イトーの公式が貢献したという話は繰り返し語られた。

こうした浮ついた現象に、当の伊藤氏はうんざりしていたのにちがいない。九八年、京都賞を受賞したさい、体調を崩していたため記念講演は代読されたが、その講演原稿には、次のような言葉が見られる。

私はこれまでの人生において、株やデリバティブはおろか、銀行預金も定期預金は面倒なので普通預金しか利用したことがない「非金融国民」なのです。

伊藤氏は二〇〇八年十一月十日に亡くなっている。

いかにウォール街の金融工学が持て囃され、仮想空間に巨万の富を築きあげようとも、伊藤氏のような数学者だけでなく、ほとんどの国民は昔から「非金融国民」であり、たとえ金融機関に無理やり証券を買わせられても、それは変わらない。そしてまた、高度な数学を駆使してリスクを右から左に移すことができても、この世からリスクじたいを消滅させることはできない。

しかし、数学を操る経済学者のなかには、数学によって描き出した仮想的な経済が、あたかも現実を支配するように思い込む者も少なくない。いや、そう思い込んでいたからこそ、傲慢にも金融経済が世界を変えると信じたのだ。次の章では、こうした経済学者たちの傲慢について考えてみたい。

第五章

思想

世界を金融で改造するという傲慢

世界に蔓延した市場主義とは何だったのか

米連邦準備制度理事会元議長のグリーンスパンが、二〇〇八年十月に「私は過ちを犯した」と証言したことは、すでに第一章で述べた。このときグリーンスパンが、自分の失策を認めたのではないことも指摘した。彼は「金融機関が自己利益を追求すれば、株主を最大限に守ることになると考えていた。私は過ちを犯した」と語っただけであり、この二十余年、世界に蔓延した金融市場主義の錯誤を語ったにすぎない。

投資銀行のような強欲にかりたてられた金融機関であっても、自分たちの利益を追求すればそれがアダム・スミスのいう「神の手」（『国富論』には一度しか出てこない）に導かれて、社会全体にとっての富を生み出すという市場主義は、その単純さゆえに繁栄の時期には支持を得やすい。また、株主こそ企業の持ち主であるという株主資本主義は、こうした市場主義に支えられて企業を健全な経営に導き、株主に最大の利益をもたらすはずだった。

グリーンスパンは、一貫して金融市場主義の擁護者として振る舞ってきた。九八年、アジア経済が金融危機に陥った直後にも、「旧ソ連の社会主義経済が崩壊し、日本型資本主義が後退し、そしてアジアのクローニー（縁故）資本主義が破綻したいま、資本主義はピュアなものだけが生き残るということが明らかになった」とスピーチしている。

ピュアな資本主義とはなにか。それはとりもなおさずアメリカ型の資本主義ということであり、金融機関が自己利益追求をすればおのずから市場の均衡が生まれ、株式を買わされた膨大な数のアメリカ家庭が潤うという金融資本主義のことだった。八〇年代以降の金融規緩和は見事に成功し、アメリカ経済を未曾有の黄金時代に導いたというのが、アメリカの金融関係者たちの実感だったろう。

金融市場主義の繁栄の裏側で急拡大したアメリカの格差

しかし、この金融経済の繁栄の時期に、アメリカが所得格差を急速に拡大していったことを、見逃すわけにはいかない。トーマス・ピケッティとエマニエル・サズの研究によれば、アメリカにおける上位〇・一%の人間の所得占有率は、一九二九年の大恐慌前には全体の八%に及んでいたが、六〇年代から七〇年代には二%に低下した。ところが、八〇年代から急速に上昇を始め、九〇年代には六%を超え、いまや八%弱と八〇年前に戻ってしまったというのである。

いっぽう、ヨーロッパや日本の場合には戦前は同じように八%を超えていたが、戦後になると急速に低下して二％程度になり、八〇年代以降もそれほどの上昇を見せていない。日本などは六〇年代の二％からさらに低下し、九〇年代からやや上昇したが二％強にとどまっている。アメリカがいかに急速に超格差社会に回帰したかが分かるだろう。

もうひとつピケッティとサズが指摘しているのは、かつての所得上位者は財閥や資産家たちといった「資本家」だったが、最近の上位者はサラリーマンにすぎない「CEO（最高経営責任者）」たちであり、特に金融機関の人間だという事実だ。アメリカにおける平社員とCEOとの所得格差は五百倍を超えており、低所得者層は膨張する傾向にある。

繰り返すが、サブプライム・ローンが成立したのは、こうしたサブ・ソサエティーを前提としていたのであり、サブプライム問題は超格差社会に淵源を持つといっても過言ではない。そして、こうした超格差社会を再生産してきたのが、アメリカ型金融システムであったことも間違いないのである。

アメリカ金融資本主義の大御所ミルトン・フリードマン

二〇〇六年十一月十六日、アメリカの経済学者ミルトン・フリードマンが死去したとき、アメリカ中の経済学者がフリードマンの業績を讃えた。彼はケインズ主義の害悪によって行き詰まりを迎えていたアメリカ経済を救済しただけでなく、冷戦期にアメリカ人に自由の尊さを教えてくれたというものだった。

たしかに、フリードマンは市場によるアメリカの繁栄を予言しただけでなく、激しい論争によって新自由主義の思想を世界に広めた。そしてまた彼の経済学であるマネタリズムは、絶頂にあった金融資本主義の思想的支柱だった。しかし、こうした評価は間違いではないにしても、あまりにも一面的というしかない。フリードマンはアメリカの金融経済に繁栄をもたらしたかもしれないが、同時に今回の破綻を準備した理論家でもあるからだ。

まず、フリードマンの生涯をたどることから始めよう。彼の両親はオーストリア・ハンガリー帝国からの貧しいユダヤ系移民で、彼は一九一二年、ニューヨークのブルックリンに誕生した。子供のころは親の言いつけに従って、ユダヤ教の教会であるシナゴーグに通っていたが、十三歳のときに「不可知論者」になって信仰からは離れたという。

とても高等教育を受けられるような境遇ではなかったが、学校の成績がよく、ことに数学が抜群だった。奨学金を得てラトガーズ大学に入学。在学中、大恐慌が始まり、困窮のなかで金融経済学のアーサー・バーンズに影響を受ける。数学か経済学かで迷うが、不況脱出や雇用回復が喫緊の問題だと考え、シカゴ大学で経済学を専攻することにした。ここで師事したのがリスクの研究で著名な経済学者フランク・ナイトだった。

フリードマンがまだ少壮の学者だったころ、英国のポンドが切り下げられることを知り、空売りを仕掛けて一儲けしようとたくらんだ。結局、銀行が引き受けてくれないため、このプランは水泡に帰すのだが、そのことを聞きつけた先生のフランク・ナイトは激怒してフリードマンに「破門」を申し渡したという話が伝わっている。ナイトは中西部生まれの頑固者で、こんな小手先の金儲けは許せなかったのである。

また、シカゴの先物取引所が通貨の先物取引を開始するさい、フリードマンに通貨先物取引を推奨する論文を頼みにきた。フリードマンは悪びれず五千ドル（当時の換算で百八十万円）を要求したという。この十一枚あまりの「論文」は、通貨の先物取引所を開設するための理論的根拠となった。自力で這い上がったフリードマンにとって、苦労して身につけた学問によってお金を儲けることとは、ごく当たり前のことだった。

フランク・ナイトの「リスク」と「不確実性」を裏切る

こうしたフリードマンの金銭感覚と、それに対するナイトの怒りはともかくとして、自分の師であるナイトの説に対して、フリードマンはシカゴでの学生時代から疑問をもっていた。ナイトは一九二四年に『リスク、不確実性および利潤』（ドーバー出版社）を刊行するが、このなかで経済における危険を二つに分けている。数学的に計算ができるリスクと、数学的には計算ができない不確実性との二つである。ナイトによれば「不確実性はリスクの慣用的な概念とは徹底的に性質が異なるもの」として考えねばならない。

測定できる不確実性つまり我々が用いている意味での「リスク」は、測定できない「不確実性」とはまったく異なるので、それは実際には不確実性ではないのだ。したがって、我々はこの不確実性という言葉を、非数量的なものの場合にのみ使用することにしたい。

こうしたリスクと不確実性の峻別は、ナイトの場合、従業員と経営者が引き受けなくてはならない負担の質の違いとパラレルになっていて、経営者の独特の役割が論じられるのだが、ここでは、この二つの概念が「徹底的に性格が異なるもの」とされ、不確実性は数学的に処理できないものとされていたことに注目しておきたい。

こうしたナイトのリスクと不確実性の考え方に対して、弟子のフリードマンはどう思ったのだろうか。フリードマンにとって、数学的に計算できない不確実性という議論は受け入れ難いものだった。むしろ、この世界は注意深く論理を組み立てていけば、数学的な演繹によって論じきれると思う傾向が強かった。竹森俊平氏の『1997年――世界を変えた金融危機』（朝日新書）によれば、フリードマンは一九六二年刊の『価格理論』（F・キャス刊）において、次のようにナイトの概念を批判している。

画期的な著作の中でフランク・ナイトは、その確率分布が既知のものであるか、少なくとも知ることが可能である出来事、すなわち「リスク」と、数値による確率を特定化することが不可能な出来事、すなわち「不確実性」とをはっきりと区別した。これまで本書でこの区別に触れなかったのは、著者がそのような区別が正しいと考えないためである。……われわれは個々の経済主体が、あらゆる想定可能な出来事に対して数値的な確率を付与するものと考えてよい。

ちなみに、フリードマン著『価格理論』のアルディン出版社版の第一版および邦訳（好学社）の元となった六七年の改訂版には右の記述はない。現在、流布している七六年刊のトランザクション社版では、「客観的確率」と「主観的確率」の区別を紹介して、次のように記述している。

この二つの区別について、経済学にとって特に関連のあるひとつの例は、フランク・ナイトによる「リスク」と「不確実性」の区別だろう。リスクはその本質において客観的確率に対応し、また、不確実性は主観的確率に対応している。しかし、（L・J・サベッジのいう）個人的確率アプローチを採用すれば、この区別の意味はほとんどなくなる。

計算のできない不確実性もリスクのなかに入れてしまう

では、フリードマンはリスクと不確実性をどのように考えるのか。たとえば、見知らぬビジネスマンがある街に到着して、付き合いのある企業に向かうとする。このときビジネスマンは二股になった岐路で、右に行くか左に行くかは分からない。つまり、このビジネスマンがどちらに曲がるかは不確実性のある事象といえる。

しかし、このビジネスマンが何度も街を訪れて、どちらに曲がるのかを観察すれば、確率を数値で表すことができるようになる。ビジネスマンが目的とする企業に、どのような考えで辿り着いているのかは明らかではないが、次第に確率分布のなかに入ってくる。それどころか、たった一度だけの観測でも、ビジネスマンが右に曲がったとすれば、少なくとも右に曲がる確率は、左に曲がる確率より高いといえるというのである。

しかし、フリードマンが述べているのは、もともと確率分布を知るのが困難なケースはあるが、すべては確率分布のなかに入るはずだという信仰告白にすぎないのではないのだろうか。たとえば、この二股路にいたる道に橋があり、それが破壊されるような事態が起きる確率は計測しようがない。「非数量的なものの場合にのみ使用する」とナイトが言ったのは、こうした不測の事態を意味していたはずである。

興味深いことに、前出の竹森氏によれば、その後のアメリカ経済学において、不確実性はナイトの意味ではなく、フリードマンの用いた意味に変容していくという。つまり、不確実性は確率で計算できる「リスク」のなかに閉じ込められてしまったのだ。

その後、ダニエル・エルスバークなどが、こうしたフリードマン的な不確実性の概念に異議を唱えたものの、「ナイトの不確実性」はリスク・プレミアムの議論や、社会に生まれる疑心暗鬼を説明する用語としてのみ語られるようになる。アメリカの経済学にとって、この世界は常に予測が可能なフリードマン的な世界になってしまったのである。

確率分布で世界を解釈するのは「神に逆らう」行為

しかし、こうした確率分布で世界が説明できるという前提で経済現象を見たとき、その前提の破綻はあまりにも多いことに気づかざるをえない。一九八七年のブラック・マンデーのさいにも、いわゆるポートフォリオ理論によってリスクを計算しつくしたはずの投資家たちが、コンピュータ・ソフトの欠陥によって次々と膨大な損失を被った。

もちろん、このときもポートフォリオ理論じたいが間違っているわけでなく、誰も彼もが同じポートフォリオ理論に基づく投資ソフトを用いたことが原因だといわれた。理論は正しいのだが、思いもよらなかった事態によって、想定していなかったことが起こってしまったというわけである。しかし、これはリスクの範囲を超えた、本来の意味での不確実性を抱えた事態が、出来したということではなかったのだろうか。

金融コンサルタントでもあるピーター・バーンスタインは『リスク――神々への反逆』（日本経済新聞社）のなかで、こうした不測の事態は、人知を超えた「野生」が突然その顔をみせたようなものだと語っている。バーンスタインのいう「野生」とは、ナイトのいう「不確実性」に近い。バーンスタインは次のチェスタートンの言葉を引用している。

現代世界の本当の問題は、それが無分別な世界だとか、分別のある世界だとかいうことではない。最も一般的な問題は、完全ではないが、ほぼ分別があるということである。人生は非合理的ではない。しかし、それこそ論理学者の落とし穴でもある。人生は実際よりも若干数学的で規則的に見える。その正確さは明白だが、不正確さは隠されている。その野生は待ち伏せしている。

一九九八年のＬＴＣＭ（ロング・ターム・キャピタル・マネジメント）が引き起こした惨めな破綻は、すでに述べたように、自己資本を少なくしすぎて、レバレッジ（梃子）があまりに大きくなってしまったところに、ロシア国債のデフォルト（債務不履行）という不測の事態が起こったという。しかし、そうした事態が確率分布の端っこにしか想定されていないということ自体が、あまりに現実を甘く見た「計算」だった。

そして、今回のサブプライム問題においても、証券化のテクニックやデリバティブの理論は完璧だったが、それを忠実に実行しない人間のために破綻が生まれたというのなら、そもそも確率分布やその他の数学が、世界を覆いつくすことができるという前提こそ、「神々への反逆」だったことになるだろう。

ハイエクとフリードマンを同じと思う「致命的」な誤り

フリードマンの思想に戻ろう。日本の保守論壇において奇妙なのは、フリードマンの経済学がフリードリヒ・フォン・ハイエクの経済学から生まれてきたと誤解している論者が少なくないことだ。元英国首相サッチャーがハイエクを尊敬していたから、彼女の採用した政策もハイエクの経済学に基づいていると信じ込み、フリードマンの市場概念もハイエク譲りだと思って論じているのである。

しかし、これは致命的な誤りというべきだろう。まず、二人の市場観について比較してみよう。フリードマンの市場とは常に機能的なものとされてきた。ここに赤いネクタイと青いネクタイがあり、いずれを締めるか政治的投票で決める場合、五一％の人が赤に投票して四九％が青に投票すると、全員が赤いネクタイを締めねばならなくなる。しかし、市場を通じて選択を行なえば、全員が好む色のネクタイを締めることができるとフリードマンはいう。

政治学の用語でいうと、市場は比例代表制度である。いってみれば、各人が自分の望むネクタイの色模様に投票して、それを手に入れることができる。彼は多数派の人びとがどんな色を望んでいるかに気をつかって、もし自分が少数派に属すればそれに服従するといったようなことは不必要である。（『資本主義と自由』マグロウヒル好学社）

いっぽう、ハイエクの市場観は、もっと哲学的であり人間の能力にたいする懐疑に基づいている。全能ではない人間は完全な知識を獲得することはできないから、市場を通じて部分的でしかない知識を活用せざるを得ないというのである。

価格機構についての最も重要な事実は、この機構が機能するのに要する知識が節約されていること、すなわち個々の市場の参加者たちが正しい行為をすることができるために知っている必要のあることがいかに少なくてすむかということである。……しかし私は、ほとんどすべての人々が多かれ少なかれ完全な知識を持っているという想定に立って問題に接近するという我々の理論上の習慣のゆえに、我々は価格機構の真の機能について幾分か盲目になり、価格機構の有効性を判断するに当たって、誤解を招きやすい基準を適用するようになっているのではないかと案じるのである。（『個人主義と経済秩序』春秋社）

ここには、同じ市場を論じていながら、そして同じく市場経済を擁護していながら、きわめて大きな姿勢の違いが存在することに気がつくべきだろう。フリードマンは市場について論じるとき、その完全性を論じようとするが、ハイエクは市場について論じながら、人間の不完全性を強調しているのである。

フリードマンの提案した経済政策はほとんどが失敗に終わった

フリードマンは五三年刊の『実証経済学論』（シカゴ大学出版）で注目されたが、一般に知られるようになるのは、六二年、平易に自らの思想を書いた『資本主義と自由』を刊行したときだった。

この本でフリードマンは、市場主義を前面に打ち出し、政府の介入を批判して、経済政策は通貨量を一定の速度で増加するだけでいいと主張した。これがフリードマンの「マネタリズム」と呼ばれるものである。この本ではマネタリズムの他にも、教育のバウチャー制、変動為替相場制などを提案している。

しかし、フリードマンの名声を決定的にしたのは、彼のマネタリズムがサッチャー政権やレーガン政権によって「採用された」ことによる。

サッチャーはハイエクの『隷従への道』（東京創元社）を愛読書にしていたことはたしかだが、政権の座についたときはマネタリズムを経済政策に取り入れた。ところが、通貨量を一定の速度で増加させるだけというフリードマンのマネタリズムは、政治的にはまったく使い物にならず、じきに放棄せざるを得なかった（小笠原欣幸『衰退国家の政治経済学』勁草書房）。

七九年に米連邦準備制度理事会の議長に就任したポール・ボルカーは「プラクティカルなマネタリズム」を標榜したが、レーガン政権下の八二年、金融危機にさいしてフリードマンの周辺が示した理論値をまったく無視し、独自に通貨供給量を判断して危機を脱出している。つまり、プラクティカル（実践的）だったから何とかなったのだ。

フリードマンの理論では、通貨供給量と経済成長率との間には一定の関係が成立していることが前提となっていたが、後から調べるとまさにこの年、この関係が不安定になってしまっていた。それ以降、フリードマンの示した理論によって金融政策を行なう当局は存在せず、グリーンスパン時代のアメリカの連邦準備制度理事会も、通貨量の増減を政策の柱とはしていなかった。ＩＴバブル崩壊にさいして、グリーンスパンは通貨量を増加させたが、このときは当然ながらフリードマンが考えていた理論値をはるかに超える速度で実行している。

頭の中だけで考えたものを正しいとする実証経済学

また、フリードマンは、為替制度については早くから固定相場制をやめて変動相場制に転換すべきだと主張していた。これはしばしば、フリードマンが国際経済においては為替レートの固定、資本の国家間移動、金融政策の独立性の三つを同時に達成することは出来ないことを示し、資本の国家間移動と金融政策の独立性を実現する変動為替制度を推奨したのだと論じられることが多い。

しかし、実は、フリードマンが目論んでいたことは、それだけではなかった。フリードマンは変動為替相場制に切り替えれば、国際収支の不均衡が解消すると信じていたのである。これはまったく達成されなかったことは、歴史が示すとおりだ。しかも、輸出に依存している開発途上国にとって為替の激しい変動は耐えられるものではない。そこでこうした国々はドルに為替を固定する「ドル・ペッグ制」や、ドルを中心にして他の通貨も反映させる「通貨バスケット制」などで切り抜けてきたのである。

さらに、フリードマンが提案した教育バウチャー制度（現金引換券による補助金制度）などは、成功した例がほとんどないといった惨憺《さんたん》たる状況だ。何を間違ったか小泉政権が採用しそうになったが、世界から成功例を集めたと称するレポートは、アメリカの数例と英国の幼稚園などの数例にとどまっていた。むしろ、この制度を悪用して金儲けに使った事件が多発しているほどで、いかに頭の中だけで考えた制度が機能しないかの好例といえるだろう。
実は、フリードマンは、理論としての整合性と、そこから演繹的に導かれる結論が重要であり、議論の出発点である仮定が現実と合致するか否かは、拘泥《こうでい》しても意味がないと考えていた。彼は初期の『実証経済学論』で述べている。

もともと理論においては、直接に「仮定」と「現実」を比較してもテストにならない。実際、そんなことをしても意味がないのである。完全な「現実主義」は明瞭なかたちで達成することができないし、理論が「十分に」現実的か否かは、当面の目的にとって有効な予測を生み出すか、あるいは、その予測が他の理論よりもより有効であるかによって決まる。

これを読んで、なるほど、と思った読者がいるかもしれない。しかし、最初の仮定が現実と乖離していても、結論が好ましければよいというのなら、逆に、好ましい結論を導くような前提をおいて、都合よく演繹することが許されてしまう。これでは経済理論が世界改造のためのイデオロギーと化してしまうことになるだろう。

ハイエクのフリードマン批判は実証主義に向けられた

フリードマンは自らの経済学を「実証経済学」と呼んだが、欧米語での「実証的（ポジティブ）」は、ときには、「経験的」という意味ではなく、逆に、「頭のなかだけで考えた」という意味になってしまうことに注意しなくてはならない。

たとえば法学ではハンス・ケルゼンの法実証主義が有名だが、ケルゼン法学は現実から法体系を引き出すのではなく、論理の整合性から現実に適用すべき法体系を引き出す。このケルゼンの実証主義に対しては、ほかでもない、ハイエクが激しく批判を加えたことが知られている（ハイエク『法と立法と自由Ⅱ』春秋社）。

フリードマンの実証経済学もまた、論理の整合性だけから現実の政策を引き出す極端な合理主義となってしまう可能性を秘めていた。しかも、先に見たように、フリードマンは少しも悪びれることなく『実証経済学論』でそう書いていたのである。

それはハイエクにとって「致命的な思いあがり」にほかならない。にもかかわらず、ハイエクは長い間フリードマンを批判しなかった。それはおそらく、ハイエクが中心となって結成した反共思想団体モンペルラン・ソサィティの有力メンバーであったフリードマンとの関係を、できるだけ良好なものにしておく必要があったからだろう。

しかし、一九八二年、老境を迎えたハイエクはケイトー財団のインタビューに答えて、フリードマンの実証経済学を真正面から批判し、その根本的な欠陥を衝いた。


私がいま後悔しているのは、私の同志であると同時に友人でもあったミルトン・フリードマンが実証経済学を説いたとき、彼の実証経済学を批判しなかったことです。フリードマンの実証経済学とは、実は、関連する事実のすべてについて、我々に完全な知識があるという前提に基づいて、政策を決定できると考える思想と同じものなのです。(『ケイトー財団政策リポート』第五巻二号)

この「完全な知識があるという前提」こそ、ハイエクが社会改造思想を生み出す傲慢として批判してきたものだった。それが、フリードマンの思想の根本に存在するというハイエクの洞察は当たっていたというべきだろう。

フリードマンの思想を実践してきたアメリカの金融界と金融経済学者たちは、演繹的な論理を用いて証券を自在に組み変えても、市場は好ましい事態を生み出すと思い込んでいた。しかし、このアメリカの金融経済を動かした思想が、現実との関連が薄弱な前提から出発し、演繹によって導き出された結論を「完全な知識」として扱ったものであるかぎり、あらゆる世界改造の傲慢と同じく破綻をまぬがれることはできなかった。

金融資本主義を救えというフリードマンの末裔たち

元シカゴ大学経営学部教授のラグラム・ラジャンと同学部教授のルイジ・ジンガレスが書いた『セイヴィング　キャピタリズム』（慶應義塾大学出版会）という本がある。この本は、かつてのエンロン・ワールドコム事件の余波を受けて、次のように述べていた。

エンロンの崩壊のような最近のスキャンダルにかかわった人々の行動は、これらの市場が一般大衆を犠牲にして豊かな人々をなお一層豊かにする手段にすぎないのだという一般の信念を強めただけだった。しかし、これから論じるように、健全で競争的な金融市場は人々の機会を広げ、貧困と戦う上で他に比べるものがないほどに効果的な道具なのである。

ラジャンとジンガレスが、資本市場を守れというとき、彼らは大衆社会の熱狂から市場社会を防衛しているように見えないこともない。しかし、個々の議論をつぶさに検討していけば、何のことはない、彼らの議論には、「ピュアな資本主義こそが正当」というグリーンスパンなみの、楽天的でご都合主義的な市場称賛を見出すだけなのである。

二人は資本市場が発達していれば、インドの片田舎の女性でも新しい事業が起こせると論じていた。また、資本市場が機能すればM＆Aが盛んになって、衰退産業の市場からの退場を促すと主張していた。さらに、二人はこの素晴らしい資本市場が、一九二九年に起こった不幸な事件によって五十年以上も抑圧されてきたとも論じていた。

大恐慌期の市場に対する反動は、人々が市場には致命的な欠陥があると簡単に信じてしまったために可能となったのである。……歴史の歯車は、企業スキャンダルと市場主義のむき出しの欲望の話が人々の間で広まるとともに、反市場の高まりの方向へ再び回りだしている。

いまやようやく、世界を豊かにする資本市場の機能が阻害されてきた時代は過ぎ去ったから、エンロン事件ごときで資本市場への反感を高めてはならないというわけだ。

予想されることだが、ラジャンとジンガレスはハイエクの『隷従への道』を引用して、自分たちこそ市場社会の擁護者なのだと仄《ほの》めかしている。しかし、ハイエクの「市場」があくまで人間の能力の限界を意味していたことを思えば、この二人が称賛する実証主義的な資本市場の思想とハイエクとは、まったく相容れないものだったはずであり、彼らの本には、いまのような金融市場の破綻を予想するものは何もない。

矢つぎばやに提示される世界金融経済の未来像

しかし、サブプライム問題が顕在化してアメリカの金融システムが危機に陥った後も、実証主義的でフリードマン的な市場主義者たちの反応は早かった。たとえば、この本の著者のひとりであるラジャンは、すでに世界的な銀行規制であるＢＩＳ規制の崩壊を見越して、新しい銀行規制のプランを、他の金融経済学者と連邦準備制度理事会が主催したシンポジウムで発表している。もちろん、それがすぐにも採用されるとは思われないが、そのあまりの素早さには目を見張るほどだ。

これまでのＢＩＳ規制は、銀行の自己資本比率を八％以上とすることによって、野放図な融資を阻止することになっていた。しかし、ラジャンたちによれば、こうした自己資本による規制を行なうと、急速に自己資本が損傷する金融危機の時代には、通常の融資すらできなくなって、その国の経済の首を絞めるという。そこで彼らが提案しているのは、銀行の自己資本比率が急減しないようにする、新しい保険の制度なのである。

こうした話を聞いていると、「ちょっと待ってくれ」といいたくなる。かつて九〇年代に日本の銀行が不良債権を抱え込んだとき、日本で主張されたＢＩＳ規制の緩和について、世界の金融経済学者や金融関係者は誰も耳を貸さなかった。そのため日本の銀行は貸し渋りに追い込まれ、多くの日本企業が破綻したのである。それをいまになって、「あの制度は決定的な欠陥があった」というわけだ。

こうした金融経済学者や金融関係者が、いま次々と提示している世界金融経済の「保険」は果たして有効なのだろうか。またそれは、いまの世界的危機から抜け出す効力を備えているのだろうか。ひょっとすると、現在の危機状況をますます悪化させてしまう危険すらあるかもしれない。そしてそうした改革の未来像なかにこそ、現在の惨状をもたらした原因が潜んでいる可能性がある。次の章では、いまアメリカの再生のためとして盛んに提示されている改革案をいくつか検証し、その歴史的な意味について考えてみたい。

第六章 未来

アメリカを駆り立てる「チェンジ」と「保険」

ＢＩＳ規制は不況期には融資を停滞させて経済を破壊する

あれほど日本の銀行を苦しめ、多くの企業を破綻させたＢＩＳ規制が、実は、もともと欠陥のある危険なシステムだったということは前章で述べた。金融危機が世界に広がるなかで、そのことが改めて確認され、撤廃や弊害の是正がようやく論じられようとしている。

もともとＢＩＳ規制は、七〇年代から八〇年代にかけてアメリカの金融機関が中南米に野放図に融資を展開して不良債権が膨らんだため、その対策として誕生したものだった。当時の連邦準備制度理事会議長だったポール・ボルカーが中心となり、バーゼルにある国際決済銀行（ＢＩＳ）が定める規制という形で、世界の銀行に適用するよう誘導した。

八七年、ようやく先進諸国の合意に達したが、それまでの数年間議論は紛糾した。銀行の規制はそれぞれの国が国情に合わせて行なうもので、銀行の自己資本比率による共通のルールを定めてもうまく機能するとは思えないというのが、ヨーロッパ諸国と日本の主張であり、それはあまりに当然のことといえた。

ところが、アメリカはまず英国を味方につけて、これから作り上げられるルールに従わない国の銀行は、ニューヨークおよびロンドンでの業務が不可能になると宣言した。これはどう考えても「恫喝」にほかならなかった。次に、アメリカは日本を説得しようとした。最初、日本はアメリカの要求を突っぱねた。実は、日本の銀行における自己資本比率は低かったので、この種の規制は好ましくなかったのである。

しかし、日本はアメリカによる強い要求と、自己資本のなかに保有株式の含み益を入れるという案に説得され、受け入れてしまう。この株式の含み益を資本として認めるという案についてはドイツやフランスから警告もあったが、八七年以降、日本の銀行は株価の上昇のなかで八%の自己資本比率は難なくクリアできた。悲劇が襲うのは、九〇年に日本のバブルが崩壊して株価が急落を始めてからだった。

イーサン・カプスタインの『世界経済を統治する』（ハーバード大学出版）は、このBIS規制にはアメリカ国内の銀行を規制すると同時に、当時、アメリカ金融市場を席巻しようとしていた日本の金融機関を抑える目的があったと示唆している。

いま急速に進む「規制」から「保険」への転換

ところが、日本人によって行なわれた最近のBIS規制の研究では、アメリカにはそうした意図はまったくなかったという。その理由は、BIS規制によってアメリカの銀行も同じように苦しんだからというわけである。しかし、これなど「結果から原因を考える」という論理学における初歩的な間違いといってよいだろう。

カプスタインだけでなく、スーザン・ストレンジ、リチャード・ヘリング、ロバート・ライタンといった当時の金融問題の専門家たちが、アメリカによる日本の銀行への牽制であったことは当然として論じていた。しかも、カプスタインなどは、アメリカの銀行による要請やアメリカ政府の政治的意図について詳細に分析しており、ストレンジは『マッド・マネー』（岩波書店）のなかで、国際決済銀行の関係者による「国情を無視したBIS規制は失敗だった」という証言まで紹介しているほどだ。

こうしたBIS規制の起源については拙著の『BIS規制の嘘』（日刊工業新聞社）を参照していただくこととして、今回のBIS規制改革案が、自己資本の目減りを防ぐための「保険」を構想しているというのは実に興味深い。BIS規制は自己資本率の目減りによって野放図な融資を阻止し、日本の銀行による攻勢を牽制するものだったからだ。つまり、この規制では正常なフィードバックは生まれないから、保険の仕組みで是正しなくてはならないといっているわけである。

バブル研究の権威が提示した「解決法」も保険だった

同じように、激しい経済の落ち込みのなかで、アメリカでは国民の救済策が次々と提示されている。しかし、提示はされても効果が生まれるまでには、まだ紆余曲折が予想される。オバマ新大統領は当選してからの二カ月の間、むしろ、具体的な救済策には触れないようにしていたといわれる。二〇〇九年一月に、正式に大統領に就任した瞬間、具体案を国民の前に提示して一気に高揚させるサプライズ効果を狙っていると論じる人もいた。

だが、すでに民主党系の経済学者たちから多くの案が提示されていた。なかでも興味深いのは、第三章で触れたロバート・シラーの『ザ・サブプライム・ソリューション』（プリンストン大学出版）が提示している「解決策」だった。

シラーは、当面はサブプライム問題で家を失いかけている国民に対しては、低金利かつ長期のローンに組み替えるなどの救済策を実行するしかないとしているが、問題はその先である。この混乱を切り抜けた後、再びサブプライム問題のような事件を引き起こさないためにはどうするべきなのか。シラーは意外にも「保険」を充実すべきだというのである。

第一に、金融に関する一般向け情報インフラストラクチャーの充実。

第二に、経済的リスクをもっと広範囲にカバーできる金融市場の監視の仕組み。

第三に、一般の人が使える金融的な手段の創出。これは継続的に有効な住宅ローンや住宅資産保険などを含み、消費者にもっと強力な保険を提供する。

何か釈然としないが、ともかくシラーは住宅に関する情報を充実させて、金融市場で不正を働く輩を排除し、一般の人が容易につかえる金融商品＝保険によって、損失から身を守れるようにしろというのである。

情報インフラの充実で人々は正しい情報を手にいれる？

多くの疑問が湧き上がってくるが、ともかくシラーの話を聞いてみよう。第一が、「情報インフラストラクチャー」を充実させると、バブルは起こりにくくなるという。

そのためには六つの方策を提示している。まず、金融についてのアドバイスを促進し、次に、消費者指向の政府系金融監視機関を設立し、そして、ほとんどの個人に対して有効な債務不履行に関する慣習や標準を採用する。また、金融保険についての情報公開を進め、さらに、個々人が自分の経済状況について知ることのできるデータベースを創設し、加えて、新しい分かりやすい経済指標のシステムを作り上げる、というわけだ。

こうして情報インフラストラクチャーを強化すれば、投機的バブルを形成する社会的な感染や情報カスケードを解消するのに大きな寄与をすることになるだろう。

第二が、「金融市場の監視の仕組み」だが、これは現在の「消費者商品安全委員会」をモデルにして、「金融商品安全委員会」というような組織を作るべきだとしている。そうすれば、現在の情報インフラストラクチャーの欠陥を是正できるというのだ。

この委員会は金融商品の安全性についての情報源となり、そうした安全性を保証する規制を課すことになるだろう。驚くべきことには、金融商品の安全についての問題は、いまのアメリカにおいて、いかなる主要金融規制機関も管轄してなかったのである。

第三の、「一般の人が使える金融的手段の創出」にかんしては、住宅ローンは市場の変化に対応できる保証付きのものにすべきだという。つまり、今回のサブプライム問題で起こったような、予測できないリスクが急速に高まったとき、支払い条件の変更などを織り込んだローンを組めるように、最初から制度を整備しておいたほうがよいというわけである。ここまでは、分からないこともない。

一般市民もデリバティブの売買に参加させるべきだ？

しかし、シラーが次のように言い出すとき、疑問を持つのは私だけではあるまい。

こうした問題の解決に大きなブレーク・スルー（突破口）が生まれたのは、シカゴ先物市場でケース・シラー指標を用いた、シングル・ファミリー向け住宅の価格先物市場が創設されたときだった。……この指標は、二〇〇六年五月以来、アメリカにおける住宅価格の激しい下落を予測していたのである。

ここまで、自分たちが作った指標を信頼してよいのだろうか。そもそも、すでに触れたように『根拠なき熱狂　第二版』でシラーは、今回の住宅バブルにおいて、自分が作った「ケース・シラー指標」が投資家たちに投資の情報を提供したことで、かえってバブルを加速してしまったのではないかと疑っていたのだ。

ところが、この『ザ・サブプライム・ソリューション』では、住宅バブルの崩壊を予想したケース・シラー指標の登場は、住宅市場にとって朗報だという。しかもシラーは、この指標を使った先物市場に、一般の国民も参加させようというのである。

ほとんどの人は先物市場で売買したことなどない。彼らはそんな取引には慣れていないし、情報を持っていない人にとっては、先物市場での取引はきわめて危険なことになる。そこで彼らが、この新しい先物市場に参加して、金融の民主主義を達成するために、シンプルな金融商品を設計する必要が生まれる。

いまの金融市場が破綻したのは、十分に機能していなかったためで、そのため金融工学でさらに市場を洗練させれば、本来の機能を発揮するようになる。また、シンプルな金融商品を作れば、一般の人も参加できるようになるというわけだ。これはサブプライム問題の解決策などではなく、危うい金融システムに、さらに、危うい屋上屋を架してしまうような話ではないのだろうか。しかも、シラーはこれを「金融の民主主義」などと呼んでいる。

その前提となる情報インフラの整備にしても、シラーはすでに『根拠なき熱狂』において「社会的感染」と「情報カスケード」によってバブルが発生するメカニズムを分析していたはずだった。それなのに、この問題に対しては屋上屋を架そうとしているわけで、なぜこのような決定的な矛盾を犯してしまうのか分からなくなる。

こうしたシラーの議論を聞いていると、あれほどバブルを生み出す人間の非合理性を抉り出した人物が、こんどは自ら金融の合理性の幻想に取り付かれているとしか思えない。非合理性を強調する行動経済学者であるシラーと、合理性をとことん追求しようとする金融経済学者のシラーは、あきらかに分裂してしまっている。

チェンジ社会に不可欠の未来に対する「保険」

ここで、少し話を迂回させることにしたい。バラク・オバマが大統領選でさかんに唱えたのが「チェンジ」だった。チェンジはアメリカの政治家の常套句であり、必ずしもオバマの専売特許ではない。しかし、この時期にチェンジを激しく主張してオバマ大統領が登場したのは、シンボリックな意味以上のものがあるといえよう。

チェンジを唱えて当選した大統領には、近年の例ではクリントン大統領がいる。彼のチェンジとは「イッツ・エコノミー、ステューピッド（問題は経済だよ、馬鹿だなあ）」という選挙戦略上の合言葉に見られたように、ブッシュ（父）政権時代に沈滞したアメリカ経済を活性化することだった。

それ以前の民主党の大統領でチェンジを唱えたのは、ジョン・F・ケネディが有名だろう。彼はこう述べたのである。「我々の祖先は、チェンジを進歩だと信じた。そこにアメリカの栄光があった」。ケネディの時代には、チェンジを求めて新大陸にやってきた人々の記憶がまだ残っていた。そこで、祖先たちのチェンジにこそアメリカの未来があったと述べたわけである。

しかし、オバマ大統領のアメリカは、国民にチェンジを求めているが、それはいったい何を意味しているのだろうか。共和党のアメリカから民主党のアメリカへのチェンジだろうか。白人大統領から黒人大統領へのチェンジだろうか。実は、オバマが唱えていたチェンジは、すでに内容が希薄になり、かなり空洞化してしまっているのではないだろうか。

アメリカの歴史の底流に、「進歩」という観念が横たわっているという指摘は、繰り返し行なわれてきた。この国の政治学を研究した英国の政治学者バーナード・クリックは、この国の政治思想そのものが、進歩という観念の産物だと述べたことがある。

日常的なアメリカ社会思想に見いだされるものとしての科学という一般的観念、普遍的な市民意識の養成という理念、アメリカ的なデモクラシーの習性の一般化、そして、以上のものすべてを包摂するものとされる、不可避的な進歩あるいはアメリカ社会のマニフェスト・デスティニー（明白なる天命）への普遍的な信念。（『現代政治学の系譜』時潮社）

これらがアメリカの政治学および政治思想を形づくっているというのだ。

最近も、アメリカ史の底流にある精神的基板をテーマにした本がいくつか書かれている。そのうちの一冊である政治学者ウォルター・R・ミードの『神と金』（アトランティック・ブックス）は、未来に対して常にオープンにしておくアメリカの姿勢を、あらためて確認しようとした本だといえる。ところが奇妙なことに、この本のなかで著者は、アメリカから未来への信念が蒸発しかけていることを、心ならずも告白してしまっているのだ。

もし、アメリカ人が歴史の方向について誤認しており、自由資本主義の下での長く穏やかな平和の時代に差し掛かっているのでないとしたなら、いったい世界には何が起こっていて、そして、私たちはどこに向かっているのだろうか。

アメリカを駆り立ててきたチェンジには、いまやケネディが指摘したような信念は希薄になってしまった。チェンジの果てに、繁栄があると担保するものは何なのか。激しい変化の時代には、その不安から逃れるために、何らかの「保険」を求めようとするのである。

しかし、保険が効くのは数学的に確率計算が出来る事象に限られる。巨大な歴史的行為とは、そもそも確率計算を超えたものに他ならない。そしてまた、世界が同時に崩壊するような時代には、保険のメカニズムも機能しなくなる。いま目撃しているのがそうした事象であり、そうした時代なのではないだろうか。

金融経済の投機が進めば進むほど「保険」が多くなった

経済の問題に戻ろう。この二十数年の間、激しい金融自由化によって世界はシャッフルされ、そのなかでアメリカは未曾有の繁栄をとげた。九〇年代から二〇〇六年までの間に、アメリカは世界を金融化することによって、自国にドルで測った富を招きよせ、そのことで世界の富の増加分の半分以上を自分たちのものにした。

そのドルで測った富によって、アメリカ人は多くのモノとサービスを手に入れたが、自分たちで作り出したものは少なかった。より多くの変動を意図的に起こして、より多くの富を手にするのが、この二十年間におけるアメリカ金融システムの本質といえた。

利益を生み出すために市場を揺り動かしても、必ず均衡するというのが彼らの世俗的な信仰だった。とはいえ、多くの不確実性に対処するために、デリバティブを駆使し、保険を縦横に張りめぐらせて、リスクから逃れることも試みないではいられなかった。

しかし、いまやこうした危うい金融システムから脱却するため、金融危機の火元であるアメリカはもとより、ヨーロッパ諸国でも、すでに積極的に不況対策に取り組んでおり、同時に、国際的経済ガバナンスの再建についての検討も始まっている。

これまでのグローバル経済に批判的だったノーベル経済学賞受賞者ジョセフ・スティグリッツは、スペインのバルセロナで繰り返しシンポジウムを開催して、国際経済の建て直しを議論してきた。スティグリッツが主張しているのが「ポスト・ワシントン・コンセンサス・コンセンサス」である。これは国際市場の完全性を前提とした「ワシントン・コンセンサス」と呼ばれる指針から、多くの欠陥のある現実の国際市場を前提とした新しい指針に変えようというものだ。

スティグリッツが主張している改革案のなかでも、特に興味深いのは国際基軸通貨をドルから「バンコール」と呼ばれる人工通貨に換えてしまうという提案だろう。

各国が保有する準備通貨がドルから二つや三つに分散すれば、より不安定なシステムになってしまう。もし、ドルとユーロの二つになれば、米国に問題が起きたときは、みんながユーロ買いに殺到する。逆に欧州に問題が起きれば、ドルに殺到するだろう。それでは不安きわまりない。（朝日新聞二〇〇八年十一月三日）。

一九四四年、英国とアメリカの通貨専門家がブレトン・ウッズに集まって、第二次世界大戦後の国際通貨体制を話し合ったことは知られている。このとき、英国の代表だったのが『雇用、利子および貨幣の一般理論』で知られるジョン・M・ケインズで、アメリカ側がハリー・D・ホワイトだった。

ケインズはすでに衰退していたポンドを俎上に載せるのを避け、人工通貨である「バンコール」で戦後の通貨体制を作ろうと提案する。しかし、アメリカの国力を前面に出してドルを国際基軸通貨にする案を主張するホワイトに屈服せざるをえなかった。ここには、世界秩序を担う過去と未来の政治力と経済力の激しいぶつかり合いがみられたわけである。

底が抜けてしまったグローバリゼーション

今回、スティグリッツがバンコールを再び主張している背景には、ケインズが衰退したポンドを前面に出せなかったのと同じく、ドルがすでに衰退の過程に入っていることがあげられるだろう。ただし、異なるのは、ケインズの時代にはすでに戦後の世界が漠然と見えていたのに、スティグリッツには世界の未来をまだ見通すことができないことだ。

前述のシンポジウムに参加した経済学者たちの論文集、『ワシントン・コンセンサス再考――新たな世界統治に向けて』（オックスフォード大学出版）に寄せた「世界ガバナンスの未来」で、スティグリッツは次のような野心的な提案を行なっている。

(1)世界銀行とＩＭＦ（国際通貨基金）の世界統治における変革、(2)ＷＴＯ（世界貿易機関）の世界統治における変革、(3)サミットをＧ８からＧ24にする、(4)経済および社会の協議を強化する、(5)世界公共財のファイナンスを行なう、(6)世界の自然資源と環境の管理、(7)世界的な知識の生産と保護、(8)世界的な法律の整備。

どれも世界経済の重要な課題であることは分かるが、果たして実現するのだろうか。もちろん、スティグリッツといえども、こうした世界経済に秩序を求める「変革」がすぐに可能になるとは思っていないだろう。しかし、国際的な制度が実効的なものになっていかないと、彼が理想としている本当のグローバリゼーションは機能しないことになる。

ゲームの国際的ルールはしばしば不公正であり、国際機関は特定のイデオロギーを押し立ててきた。この特定のイデオロギーが、特に開発途上国にとって不適切な経済政策を生み出してきたのだ。

スティグリッツはタフな楽観論者であり、自分の目指す真のグローバリゼーションが実現するという希望を捨てないだろう。いまのアメリカ的な「良心」であるようなこの経済学者は、いまも「特定のイデオロギー」の退潮のなかでチャレンジを繰り返している。しかし、その希望が実現するどころか、いまやグローバル経済自体が危うくなっているのだ。

リベラル派になることは、ある意味で保守派になること

この点で興味深いのが、二〇〇八年にノーベル経済学賞を受賞したポール・クルーグマンだろう。クルーグマンは先の論文集にも小論「不平等と再分配」を寄せたが、「今日、成長の最前線においての失望とともに、多くの国で不平等が広がっている証拠を前にすれば、不

平等は明らかにより重要なテーマとなっている」と書いて注目された。

クルーグマンは、若い経済学者に絶大な人気がある一方で、実は、世界経済についての見解を二転三転させてきたことでも知られてきた。八〇年代には政府の介入を評価する「戦略的通商理論」を唱えていたが、九〇年代になると「リカードに帰れ」と主張して、比較優位論に基づく自由貿易論の急先鋒となったものだった。

ところが、二〇〇七年の「貿易と不平等についての見直し」では「貿易が先進諸国の富の分配にあまり影響を与えないという説は安心できるものではない」と書き、ついに二〇〇八年二月の「貿易と賃金についての再考」になると、アメリカの熟練労働者と非熟練労働者の所得格差は、七九年以来、グローバル経済の進展のなかで一五％も拡大したと主張して、彼の崇拝者を愕然とさせた。

もう、こうなると「ポテトチップでもシリコンチップでも、比較優位にある産業を盛んにすれば繁栄できる」と述べていた、彼の比較優位説に基づくグローバリズム論は、ほとんど嘘だったということになる。あきらかにクルーグマンは再び大きく舵を切ったのだ。

二〇〇六年の中間選挙以来、米民主党のなかに、旧来のリベラル勢力が甦る兆候が見られたが、クルーグマンも近著『格差はつくられた』（早川書房）で、今の格差拡大をもたらしたレーガン政権以来の共和党を激しく批判。アメリカはルーズベルト時代のニューディール政策を復活させるべきだと主張している。

この本の原題は「リベラルの良心」であり、クルーグマンが最も強く主張しているのは、先進国ではアメリカだけにない国民医療皆保険を創設させることだが、ことに次のような一節が興味深い。

リベラル派になるとは、ある意味で保守派になることである――それは大きくいって、中産階級社会への回帰を求めることを意味する。しかし、進歩派であるということは、明らかに前進を求めることを意味する。これは矛盾しているように聞こえるかもしれないが、そうではない。リベラル派の従来の目標を前進させるためには、新しい政策が必要なのだ。

果てしないアメリカの変革が生み出す過去への回帰

ここには「自由主義一色のアメリカ」におけるメビウスの輪のような逆説を読み取ることができるかもしれない。そしてまた、こうした議論の立て方自体に、今のアメリカの「保守とリベラル」における、錯綜した関係が炙り出されているようにも思える。

しかし、いま注意すべきは、政治思想家ハンナ・アレントが『革命について』（ちくま文庫）で指摘したように、アメリカ革命（独立戦争）においては、リボルーションが「過去に向かって回転する復古」として観念されていたという歴史的事実である。

革命の最初の段階で主役を演じたのは、絶対君主制の専制や植民地政府の権力濫用によって侵害され犯されていた古い秩序を回復する以上のことはしまいとかたく確信していた人びとであった……。彼らは自分たちが望んでいることは物事が本来あるべき姿にあった古い時代に回転して戻ることであると大真面目で弁明していたのである。ここから大きな混乱が生れてくる。

実は、アレントはアメリカ革命を評価してこう述べていた。しかし、アレントの歴史的洞察は正しくとも、評価はどうだろうか。これまでもしばしばアメリカは、進歩と回帰を「混乱」させてきた。そして、いまも自分たちは進歩だと信じて過去の愚かな試行に後戻りし、回帰していると信じて未来への危険な投企を繰り返しているのではないだろうか。

チェンジ・チャレンジ・クラッシュの永劫回帰

一九三〇年代の大恐慌期には、それぞれの国家が強力な権限を奪取することで、かりそめの安定を市場にもたらそうとした。人間がバラバラに分子のような運動を続けることによって、そこに秩序が生まれてくるという市場主義的な均衡論はまったく信頼できなくなり、国家の権力によって強制的に秩序を作り出し、市場がかろうじて機能するように「保険」ではなく「保障」を行なったわけである。

これはヨーロッパに生まれたアドルフ・ヒトラーのファシズム経済体制であろうと、アメリカに登場したフランクリン・ルーズベルトのニューディール経済体制であろうと、崩壊した経済のための秩序を回復するための方策だったという点では共通している。

さて、今回の金融危機の火元だったアメリカは、いまどうしようとしているのか。すでにオバマ大統領のアメリカは開始され、何人もの民主党系経済学者がニューディールに戻れと主張している通り、オバマはルーズベルトを演じようとしている。

いま現在、フランクリン・ルーズヴェルトの手がけた社会契約は崩壊しかけている。外国との競争の増大と、四半期ごとに収益性を高めるよう求めてくる株式市場の圧力を受けて、経営者はオートメ化や人員削減や海外移転を進め、それらが重なって労働者はますます失業に弱くなり、昇給や手当ての拡大を求める手段が減っていく。（バラク・オバマ『合衆国再生』ダイヤモンド社）

米週刊誌『タイム』二〇〇八年十一月二十四日号の表紙は、オープンカーに乗っているルーズベルトの写真を使用し、顔だけオバマにしたものが印刷されている。タイトルはもちろん「ザ・ニュー・ニューディール」である。うまくいくかどうかは分からないが、アメリカはルーズベルト時代への回帰という演出によって、秩序を取り戻そうとしているのだ。同誌は、この特集を次のように締めくくっている。

もし、オバマが経済のための秩序を復活させていくなら、民主党は長期にわたってその成果を享受することになるだろう。四十年前、リベラリズムはコントロールが効かなくなった国家の「問題」のように思われた。いまやリベラリズムの新バージョンは、問題の「解決策」なのかもしれないのである。

常に「チェンジ（変化）」が唱えられるアメリカでは、「チャレンジ（挑戦）」がすべてのものに優先される。そのことで人々は繰り返し新しい試みに挑戦する。マニフェスト・デスティニーはいまも彼らをフロンティアに駆り立てる。しかし、その大胆な試みはしばしば「クラッシュ（破綻）」という結果を生み出さざるを得ない。それでも、そこからの脱却策としていま新しいチェンジが、新しい未来として永劫回帰のごとく再来しているのである。

エピローグ——二つの「感染」にどう立ち向かうか

これまでの日本経済の見直しが必要だ

本書では、世界金融危機を引き起こしたアメリカを中心に見てきた。それでは、日本はこれからどうなるのだろうか。アメリカやヨーロッパ諸国に比べて、サブプライム問題による損傷が少なかったので、これからはチャンスだという論者も多い。しかし、問題はそれほど単純ではないだろう。

たしかに、日本経済はサブプライム問題による金融機関の被害が少ない。しかし、株価の下落に見られるように、経済全体での影響はとても楽観できるような状態ではない。日本は輸出先であるアメリカと中国の経済低迷による被害を、そのまま受ける経済構造にある。しかも、日本がこれまでアメリカ発の経済改革に、繰り返し安易に便乗してきたことを考えれば、そう簡単にこれからの見通しが成り立つわけがないのだ。

これまで、日本は経済政策においてどのような方向に向かっていたのだろうか。それはいうまでもなく「構造改革」であり「小さな政府」だった。小泉政権でピークを迎えた構造改革路線は、ＩＴ（情報技術）を用いるにせよ、金融技術を用いるにせよ、「グローバリゼーション」を前提として労働生産性を向上させ、資本生産性を上昇させることが、日本経済に活路を拓くとされていたのだ。

ＩＴ革命がアメリカ発のものであったことは、容易に了解できるだろう。アメリカは九〇年代のインターネット・ブームを切っ掛けに、ＩＴ（アメリカではＩＣＴ＝情報通信技術と呼ばれた）ブームが拡大し、それはやがてバブルの様相を見せ始める。このとき、日本ではアメリカ以上のＩＴ礼賛が巻き起こった。ほとんど幻想だったＩＴによる短期的な労働生産性上昇は、構造改革の大きな柱と見なされていった。

今回のアメリカにおける金融革命についても、事情は同じようなものだった。アメリカで金融工学による金融革命が持て囃され、ファイナンス理論が資本生産性の向上を高らかに謳いあげ、Ｍ＆Ａ（企業の合併・買収）が称賛された。日本でも金融工学の入門書が飛ぶように売れ、ご都合主義的なファイナンス理論に基づいて企業は利益追求だけでいいとされ、Ｍ＆Ａが停滞した日本経済を活性化すると論じられた。

注意すべきは、こうしたブームが、アメリカの投資銀行に主導された金融バブルを背景にしていたという点で、ひと繋がりのものだったという点である。滑稽なことに、日本ではホリエモンや村上ファンドが英雄として持て囃された時期があった。いまから思い返せば、悪質なアメリカ型金融ビジネスのパロディのようなものだった。

グローバル化という物語が構造改革の根拠

いまやこうしたIT革命と金融革命も、すべては流行りのキャッチ・コピーでしかなかったことが明らかになってしまった。もちろん、ITや金融は経済にとって重要であり、労働生産性や産業効率化も大いに必要だが、それがマネー・ゲームによってもたらされるという点が、まったくの幻想だったのである。そして、この根底にはグローバリゼーションは歴史的必然であり、これからさらに急進するという根拠のない「物語」が存在していた。

これまでの日本経済を見直すさいに手がかりになるのは、「コンテイジョン（感染）」という言葉だろう。すでに第三章で、ロバート・シラーが論じる「社会的感染」については触れた。ここでは、ITブームや住宅ブームをバブルに成長させる「社会的感染」だけではなく、感度のよすぎる金融システムが導入されたために生じる「金融的感染」の弊害についても見ておく必要がある。

まず、社会的感染から始めよう。シラーが指摘していたのは「ニュー・エラ物語」が社会に広がっていくことで、ＩＴ革命や住宅ブームがあたかも歴史的必然であるかのように感じられる現象だった。こうした物語は、初めはささやかな思い込みに過ぎないが、それが感染していくうちに社会の雰囲気を支配してしまい、疑いを持つのは少数派になってしまう。

こうした「感染」は病理学の言葉が使われているように、自然現象のような過程として論じられている。しかし、全体をマクロ的に見ればそうであっても、個々の問題をミクロ的に見た場合には意図的な感染も存在する。たとえば、住宅バブルのさいにＮＡＲ（全米不動産協会）のチーフ・エコノミストであるディビッド・レリアが書いた『あなたは不動産ブームで儲け損なっていないか』という著作があった。

これなどは、入門書を装った不動産投資を勧めるための宣伝パンフレットで、二〇〇五年二月に刊行された。ところが、翌年二月になって、不動産への投資に陰りが出てくると、同じ内容なのに『なぜ不動産ブームは破裂しないのか』というタイトルに変えて、さらにブームの社会的感染を煽ったのである。

日本のＩＴサミットはアメリカ主導だった

こうした例などはまだ一業界の性質《たち》の悪い情報操作ということができるが、政治的な力が大規模に作用することもある。世界中をバブルに巻き込んだITブームのさいには、アメリカの経済界だけでなく、アメリカの経済学者や政治家たちも、本当に信じ込んでいたか否かはともかく、IT革命が本物だという物語の形成にかなりの度合いでコミットしていた。

米経済界はこれで一儲けできると踏んでいただろうし、また、米経済学者は知的興味から「賭けてみてもいい」と思っていたふしがあり、さらに、米政治家たちはそれを自分の政治力に結びつけようとした。しかも、彼らは、このブームを世界的なものにしようと試みた。

かくして、二〇〇〇年に日本で開催されたサミットは、「ITサミット」などと称されて、エレクトロニクスの日本に相応しいということになっていたが、アメリカのIT産業にとってのビジネス・チャンス拡大の機会以外の何ものでもなかった。

実は、このサミットの愛称は、最初「ICTサミット」という案が有力だった。つまりアメリカの呼称が主導していたのだ。ある外務省の審議官クラスの人物は、このことをあっさりと認めただけでなく、「正確な言い方」でなくなったのが残念だと述べていたほどだ。

しかも、このサミットの最中に、東南アジアなどから「ITの援助などより水利の援助をしてもらいたい」という批判がでてきて、ITをビジネスにしようとしていたアメリカを中心とする先進諸国の代表は立場を失う場面もあった。

数年してから、このサミットに携わったと思われる元外交官が、あれはアメリカの陰謀だったなどと論じた本を刊行したが、このITサミット前後の経緯はあまりに明らかで、陰謀という名に値しないほど明け透けな、ビジネス用の舞台づくりに過ぎなかった。陰謀というからには、もっと秘密めいたものがなければならないだろう。

金融革命の物語にも意図的な「感染」があった

同じように、グローバリゼーションを前提とした金融革命の呼び声も、アメリカの経済政策の一環という性格がきわめて強かった。ビッグバンや金融における規制緩和が、どれほどアメリカ政府の「要望」のもとに遂行されたかという問題は、ここでは触れないことにするが、すでに何人かの論者が実例をあげつつ指摘してきた。

しかし、こうした政治的圧力を用いた経済策が奏効するには、金融革命のイデオロギーが流布していなければならない。「金融技術の応用によって、実体経済も活性化する」という思考法が広まっていなければ、他の国に協力を求めることは困難だからだ。

八〇年代のアメリカ経済はM&Aが横行したため、産業が疲弊したことはデータにおいても明らかだった。また、これと関連して、株高経営が蔓延するとR&D（技術開発）の費用が低下するので、技術開発力も低下することは知られていた。さらに、八〇年代から金融経済に傾斜するのと同時期に、アメリカの所得格差が急速に拡大したことも常識だった。

ところが、M&Aが世界的ブームになると、日本政府は世界で最も買収がやりやすいアメリカ型のM&Aルールを策定してしまった。また、日本でアメリカ型コーポレート・ガバナンスが持て囃されると、その中心を形成している株高経営も称賛されることになった。八〇年代からアメリカの所得格差は縮小したという、米ファイナンス理論家の強引な議論ですら、日本の金融経済学者が持て囃すという呆れた現象すら起こっている。

私は、こうした現象のひとつひとつに「陰謀」があったなどとはいわない。しかし、日本の政府官僚、経営者、経済学者そしてマスコミ関係者たちは、あまりにアメリカ発の物語に対して抵抗力がなく、容易に「感染」してしまう傾向があることは否定できない。

これほど簡単に感染するならば、政治的工作はきわめてスムーズに行なわれるだろう。アメリカで蔓延した物語は、すぐに日本でも物語として語られるようになる。IT革命は素晴らしい未来をもたらし、金融工学は日本の経済を塗り替え、日本国民を幸福にするというわけである。実は、住宅ブーム物語にも、後に述べるように日本はすでに感染していた。

アジア金融危機のさいの「感染」とは何か

さて、もうひとつの感染である「金融的感染」についても考えてみよう。この十余年の間にコンテイジョン（感染）という言葉が頻繁に使われたのは、九七年、東アジアで金融危機が広がったときだった。このときはタイのバーツ危機に端を発して、金融危機はインドネシア、フィリピン、マレーシア、シンガポール、台湾、韓国にまで広がった。

この現象は、あたかも伝染病が急速に広まっていくような様相を呈していたので「感染」とよばれたが、別に「病原菌」があったわけではない。もし最大の病因をあげるとするなら、IMFと世界銀行が、東アジアにオフショア（国外）金融市場を無理やり立ち上げさせたことだった。

東アジア諸国は、九〇年代前半にはバブル的な経済繁栄を享受していたが、決して経済のファンダメンタルズは悪くなかった。貯蓄率が高いおかげで資金は国内に存在していたし、財政も黒字で問題はなかった。ただ、輸出に依存する体質だったので、自国の通貨をドルに固定する「ドル・ペッグ」を採用していたことが、後の被害を大きくした。

金融危機が起こる直前の東アジア諸国に共通していたのは、急速に海外からの短期資金が流入して、地域銀行によって国内通貨に転換され、地元の企業に融資されていたことだった。ドル・ペッグで地域銀行が為替リスクを負うこの仕組みは、いったん金融危機が襲うと止めどなくアジア経済を融解させることになった。

まず、タイにおいて景気に陰りが出てきたという情報が流れると、それまで流入していた投資マネーが急激に引き揚げられた。そのためタイの景気は急速に後退し、地域銀行による融資先への資金が焦げ付いた。また、通貨のバーツが為替市場で実質的に二分の一にまで下落したので、海外の投機ファンドに対する負債が二倍に拡大するという、ダブルパンチを食って地域銀行は破綻していった。

次に起こった近隣諸国への感染も、このプロセスの繰り返しだった。タイの景気後退と資金の引き上げを目撃した投機ファンドは、近隣諸国からの資金も引き揚げる。するとさらにその国の経済が後退し、不良債権が積み上がって金融機関が破綻する。そして急速に企業への資金が停滞し、あっという間に実体経済も萎縮するに至ったのである。

実は、この当時、東アジア諸国には国内の金融市場が発達していなかったため、為替リスクを回避するためのヘッジをすることができなかった。為替リスクのヘッジもできない地域に、巨大な金融市場をつくって海外の資金を誘い込むこと自体が間違っていたのだ。

サブプライム問題には「病原菌」も存在した

こうした東アジアの金融危機と比べると、今回のアメリカを中心とする世界金融危機は、はるかに分かりやすい。病原体が存在することは明瞭だからだ。ただし、病原体の感染経路を作っていったのは、世界の隅々まで到達している情報ネットワークと金融ネットワークである。やや模式的に描くと次のようになる。

まず、世界的な住宅バブルを背景にしてアメリカ全土でも住宅バブルが生まれた。この住宅バブルを加速したのは住宅ローンを証券化した住宅ローン担保証券（ＭＢＳ）で、これが住宅という土地に縛り付けられている資産を、金融市場ネットで売買できる投機の対象に転換した。もちろん、売買の単位が日本円で一億円以上と高額だから、購入するのはアメリカを中心とする世界の金融機関や投資家だった。

ファニーメイやフレディマックなど、政府系機関が発行するＭＢＳの売買だけでは飽き足らない金融関係者は、低所得者向けの住宅ローンを同じように証券化することを思いつき、変動金利であやういローンを組んだ。これがサブプライムローンである。もちろん、金利は高いがリスクも高かった。こうしたＭＢＳの隆盛は、経済マスコミやインターネットを通じて世界に住宅ブームを印象づけた。

さらにアメリカの金融関係者は、こうしたMBSを集めてリスクを組み替えた債務担保証券（CDO）の売買を試みるようになる。複雑な数学を用いてその組み替えを正当化したが、なんのことはない、自分たちの儲けを多くするための詐術だった。しかも、なにより危険だったのは、ここにサブプライムローンを元にしたMBSも放り込んだことだろう。

こうしたMBSやCDOの取引を行なう金融機関は、何か起こったときのためにさまざまなデリバティブ（金融派生商品）でリスクを回避しようとした。この金融商品もよいビジネスになったので、信用保証会社や巨大な保険会社が乗り出して、大々的に保証のためのデリバティブを売買し、自分自身も巨大な利益をあげた。もちろん、ここにも巨大なリスクが張り付いていた。しかし、情報カスケードによってユーフォリアが蔓延した金融世界の住人には、もはやリスクの判断がつかなくなっていた。

ここまでは今回の金融バブルが拡大するプロセスだが、いったんアメリカの金融機関が扱っていたサブプライム関連のMBSが危ないと分かると、金融市場は急激に逆転して収縮のプロセスに入った。エボラ・ウィルスなみの速度で収縮の感染は広がり、そのウィルスがどこにあるのかも分からなかった。恐怖は情報ネットを通じて世界に感染していった。

MBSが駄目だとなるとCDOが疑われ、CDOが駄目だとなると保険会社のデリバティブが信用を失った。こうして金融ネットは遮断されたが、いっぽう情報ネットは高まるリスクの恐怖を増幅させて世界に感染させていった。リスクを回避できるはずのデリバティブが、何の効果もないと分かってしまえば、あとは金融市場が全体的に崩壊するだけである。

経済危機が「感染」した四つの経路

本書の校正を始めた二〇〇八年十二月末に、ジョン・タルボットの『感染——世界経済を席巻した金融伝染病とその予防』（ウィリイ社）が出版された。タルボットも二〇〇三年ころから住宅バブルに警告を発していた人物だが、彼によるとアメリカの住宅バブル崩壊に始まる経済危機が「感染」する経路は四つあるという。簡単に紹介しておこう。

第一が、海外の銀行や政府が、アメリカの住宅ローン債権や住宅ローン担保証券がらみの金融商品を買っていたために、アメリカの金融危機が感染してしまう場合だ。典型的な例はヨーロッパ諸国に見られたが、タルボットによれば「最も複雑で危険な債務担保証券（CDO）を買った大口投資機関のいくつかは、外国の政府、その中央銀行、そして、その国の商業銀行だった」という。

第二が、その国でも住宅バブルが起こっていた場合、アメリカの住宅バブル崩壊によって、バブル崩壊が「感染」してしまう。アメリカの住宅バブルも終わったのだから、この国の住宅バブルも終わりだと思って、住宅が急に売られるわけである。「英国とアイルランドの住宅価格が下落を始めていたが、それは、アメリカの住宅価格下落で最悪レベルだった都市とほとんど呼応していた」。

第三が、その国がアメリカに対する輸出国だった場合で、アメリカの景気停滞が輸出減少を引き起こして、同じように景気が停滞することになる。タルボットは中国を例としてあげているが、より分かりやすいのは日本への「感染」だろう。日本は対米輸出が下落すると同時に、対中国輸出も急速に低下した。「日本の景気後退や株価下落はサブプライム問題とは関係がない」と主張したテレビ司会者や経済学者がいたが、もちろん、そんなことはあり得ない。

第四が、自国の通貨の下落を通じて「感染」が加速されるケースだ。この例としてはメキシコがあげられている。メキシコは石油価格が下落し、対米輸出も減少していったので、通貨への評価が下がって為替レートも急落し、経済の低迷がひどくなった。タルボットはあげていないが、英国もこのケースに当てはまるだろう。ダーリング財務相が、二〇〇八年八月三十日付のガーディアン紙インタビューで「わが国の経済は、この六十年で最悪の時期を迎えつつある」と発言し、株価だけでなく通貨であるポンドまでも下落してしまった。

アメリカの金融経済の収縮は、こうした複数の経路を通じて世界経済に「感染」して、急速に世界経済も収縮していったわけである。

中国の「毒餃子」とアメリカの「毒証券」の猛威

こうした世界金融収縮のプロセスに入ったころ、中国の汚染餃子のニュースが報道されたので、私は中国のトクシック・ダンプリング（毒餃子）とアメリカのトクシック・セキュリティ（毒証券）を並べて「二つの毒団子」と論じたところ、友人に悪趣味だといわれた。

しかし、しばらくすると米経済学者スティグリッツが「アメリカは猛毒を世界に撒いている」と言い出したので、やや救われた気になった。いずれの事件もどこに毒があるか見えないという点、いずれもグローバル化によって生じているという点で共通しているが、破壊力でいえば毒証券のほうがよほど大きかったといえるだろう。

タルボットのいう四つの感染のうち、日本は第一の金融を通じての感染による被害は比較的少なく、また、第二の住宅バブル崩壊による被害も、ドイツなどと同じく住宅価格は下落傾向にあったため大きくはなかった。さらに、第四の通貨を通じての感染は価値下落ではなく、逆に為替レートが上昇したために輸出産業に悪影響が生まれた。回避できなかったのは第二の実体経済を通じてのもので、すでに述べたように対米輸出と対中国輸出の激減によるダブルパンチを食ったわけである。

しかし、第一の金融を通じての感染がまったくなかったわけではない。金融技術への盲信が、情報ネットワークと金融ネットワークの両方を感染経路として広がったことが世界金融危機の最大の原因だったといってよい。日本が比較的損失が少なかったのは、すでに情報ネットワークにおいては十分に感染していたが、それを実践する金融ネットワークにおける感染が十分でなかっただけのことだ。

情報ネットと金融ネットこそ、現在の経済を動かしている中心的な仕組みであり、それはグローバル化する世界では拒否できないものとされてきた。情報も金融も浸入する力が強く、また、逃げ足が速いから、翻弄されるよりはコミットして加速する側につこうと論じる人が多いのも無理はないかもしれない。

事実、目先が利くとされている何人もの日本の経済学者が、アメリカ型金融の罪業が誰の目にも明らかになるまで、「金融立国」を高らかに主張し、「日本はもっとリスクの高い投資をすべきだ」などと論じていたのである。もし、日本がこれからの経済について何か考えようとするなら、こうした論者たちの軽佻《けいちょう》浮薄《ふはく》ぶりを忘れないようにすべきだろう。彼らのなかには「懺悔の書」なるものを書いた人物もいるが、いまさら懺悔の値打ちもありはしない。

たしかに、情報と金融を封じることなどできはしない。しかし、グローバリズムが歴史的必然ではなかったのと同様、情報と金融のネットワークから浸入するものにまったく抵抗できないわけでもない。私はグローバリゼーションと構造改革が吹き荒れたこの二十年間においても、日本は独自の判断によって、自国に有利な制度的選択ができたと考えている。二つだけ例をあげよう。

住宅ローンの証券化は世界でも少数派だった

アメリカの住宅ローンは、八〇年代までは貯蓄貸付組合という独特の金融機関によって担われていたが、この貯蓄貸付組合が不祥事を多発し不良債権の固まりとなったため、脚光を浴びるようになったのが住宅ローンの証券化だった。そのことはすでに述べた。

日本でも住宅金融公庫が、独立行政法人の住宅金融支援機構に改組されたのは、二〇〇七年になってからだった。もちろん、アメリカの住宅ローン担保証券の隆盛を見て準備はしていたのだが、皮肉なことに本格的に住宅ローンの証券化が行なわれるようになったのは、アメリカで住宅ローン担保証券の市場が崩壊していく直前だったのである。

住宅ローンの証券化は、借り主が厳重にチェックされていればローンの利子が少し下がり、住宅ローン担保証券の市場も育成される。したがって、証券化の準備に携わってきた人たちからすればこの仕組みを日本でも普及させたいと思ったのは当然だろう。しかし、私は住宅ローン担保証券など、何も急いで日本でも導入する必要はなかったと思う。

まず、住宅ローンを証券化するのは、必ずしもグローバルな商習慣ではないということだ。リスクを他に移転させる住宅ローンの証券化が広汎に行なわれているのは、国際決済銀行（ＢＩＳ）の資料によればアメリカ、オーストラリア、カナダ、オランダだけで、たとえばＥＵ全体を合わせても、住宅ローン担保証券の総額は二〇〇七年八月の時点でアメリカの十分の一に満たなかった。

次に、証券化による金利の引き下げ効果が、それほど期待できないことがあげられる。現在、住宅金融支援機構の住宅ローン担保証券の発行残高は五兆円程度とアメリカの百分の一程度だが、それでも三十年金利固定三％の場合〇・二％強の金利引き下げ効果があるという。アメリカの政府系機関の証券化でもバブル期に三十年金利固定五％の場合〇・二五％程度だった。規模から比較して考えても、金利低下の効果は証券市場の拡大などではなく、日米共に「暗黙の政府保証」の効果だったのではないだろうか。

ということは、無理に住宅ローン担保証券の市場を育成しても、ただ単に投機マネーの流入とバブル化の危険があるだけで、従来の公的金融機関の住宅ローンに比べて、それほど国民の利益になるわけではないということになる。

したがって、無理やり投機マネーを呼び込んで、住宅ローンの市場を拡大する必要はないし、暗黙の政府保証が金利を低下するならば、何も日本がブームに乗ってアメリカ型の危うい証券化をしなくてもよかったのである。私は住宅ローンの証券化は、今後、公的な支援機構だけに限定すべきだと思う。

日本にとって利益になる感染予防策を構想せよ

もうひとつの分かりやすい例として、M&Aのルールがある。M&Aにおいて敵対的買収が常に可能で、かつ株式による買収も可能だというのは、世界でもアメリカだけのルールだった。しかも、この二つが共に認められるルールは、まったくグローバル・スタンダードではなく、ヨーロッパ諸国でもアジア諸国でも採用していなかった。

ところが、日本だけが小泉政権のもとで、アメリカ以上に敵対的買収を容易にしただけでなく、どんなに水ぶくれした株式も買収につかえるルールを受け入れたのである。M&Aの蔓延は、モノづくりが主体の日本経済にとって、組織力という最大の資産を破壊する結果になるだけでなく、アメリカの八〇年代に見られた、産業の疲弊をもたらす危険もあった。それが回避されたのは、ひとえにサブプライム問題で世界の金融が収縮したおかげだった。

日本は自国の産業構造やアメリカの経済史を振り返れば、敵対的買収については政府介入も含めた抑制策をとり、それでも買収を行なう場合には、費用は現金に限定されるという英国のシティ・コードを採用する余地はいくらでもあった。繰り返すが、こうした制度のほうがグローバル・スタンダードだったのである。

もし、国民の多くが、日本政府が作りかけているM&Aルールが、日本の産業構造から考えて必ずしも得策ではなく、しかも、世界的に見た場合にアメリカでしか通用しないようなルールだと分かっていたら、国民は支持しただろうか。経済評論家と経済マスコミが揃いも揃って、M&Aが時代の趨勢でありアメリカ型ルールが常識だという観念に「感染」していなければ、別の展開があったにちがいない。

そもそも、日本の住宅が投機の対象となったり、日本の重要産業が買収されることは阻止して当然であり、そのほうが日本の富にとってプラスなことは自明だろう。グローバリゼーションはまったく阻止できないという思い込みこそ、きわめて感染力のあるイデオロギーだった。住宅への投機も企業の売買も、世界ビジネスの先端と持て囃されたが、実は、今回の世界金融危機を引き起こしたウォール街の利害にすぎなかったのである。

それだけではない、九〇年代以降に日本が採用してきた経済政策やビジネス戦略も、実は、もっと多くの選択肢があったということなのだ。日本経済があまりの対米輸出依存になってしまっていることはすでに指摘されている。住宅への投機も企業の売買もアメリカ金融経済が破綻したおかげで、日本ではそれほどの大事に至ることはなかったかもしれない。しかし、日本の経済はこの間、イデオロギーとしてのグローバリゼーションに対応することだけが最優先され、自国の国民経済は二の次にされてきたのだ。

これからは国民経済の重視が世界の趨勢になる

実は、こんなことをわざわざ言わなくとも、世界はグローバリズム称賛から、自国にとって有利な経済政策を採用する時代に移行しつつある。ほかでもない、アメリカが真っ先に「ニュー・ニューディール」という国内経済重視に変わってしまった。アメリカのＦＲＢは、ついにゼロ金利を断行したが、これなどは、第二次世界大戦前の為替レート引き下げ策である「近隣窮乏化策」ではないかと思われるほどだった。

いまの段階でニュー・ニューディールがどのようなものになるのかは、まだ、明瞭ではない。しかし、それが他国の経済にとって好ましいものになると考えるのは楽観的すぎる。おそらくアメリカは、採用する経済政策に相変わらず協調的色彩を添える理屈を考え出すだろうが、それをそのまま受け取ってよいと思うほうがよほどお人好しだろう。

また、ヨーロッパ諸国はEUとユーロによって結束を固めざるをえない。いまやドルに対しても目減りして危機が噂されるユーロだが、ドルに対抗する道をもはや引き返すわけにはいかない。これからさらに拡大する不確実性を吸収するためにも、EUはヨーロッパ中心主義であるヨーロッパ合衆国の性格を強めるだろう。

では、日本はどうすべきなのか。おそるべきことに、いまも日本では小泉改革の亡霊がさまよい出て「日本の景気後退は、サブプライム問題のせいではなく小泉改革の停滞にある」などと論じる状況が続いている。これからもアメリカ中心のグローバリゼーションが継続し、その受容政策にすぎない「構造改革」が通用すると信じ込んでいるのである。

アメリカのウォール街が、サブプライム問題の発覚でパニックに陥ってから、すでに一年半もの時間を経過してしまった。このタイム・ロスが悔やまれてならない。しかし、日本がなすべきは、まず、冒頭に記したように「ばっくりと大きく割れた」世界を直視することだ。大きく割れた裂け目のなかに現実を見ること。そこからしか活路は開けない。

あとがき

第四十四代アメリカ大統領となった、バラク・オバマの就任演説をいま聞いたばかりだ。大方の予想に反して、オバマ新大統領はアメリカ国民に危機の時代を耐え忍ぶ責任を求め、選挙戦でのように楽観的な「チェンジ」は語らなかった。

これはオバマ大統領の戦略的な行動であり、いま過大な期待を持たせることは、これからの政策効果が過小に評価されることになるので、それは避けたという解説もなされている。しかし、それは裏を返せば、いかに今のアメリカの現実が厳しいかを、如実に物語っていることになるだろう。

私は、基本的にオバマ大統領は、かなりの政府介入を行なって、アメリカ経済の窮地からの脱出を試み、これまでの「小さな政府」を目指す政策とは異なる、「ニュー・ニューディール」に向かわざるをえないのではないかと考えている。

それは、現在の厳しい状況が、これまでアメリカ人が持っていた価値観をも変えつつあると思うからだ。その変化の度合いは、これからさらに厳しくなる景気後退や、そのため加速される社会不安の規模によって、大きく左右されることになるだろう。

いまもアメリカでは、八〇年代に生まれた市場原理主義と新自由主義が根強いと論じる人たちが存在する。そしてそれは、最近の意識調査の数字をみれば間違っていないかもしれない。しかし、注意しなくてはならないのは、アメリカはこれまでも価値観において大きな変化を見せてきたし、おそらくこれからも、大きな変化を見せるだろうということである。

本書では、こうしたアメリカ人の価値観が大きく変わるきっかけとなった、大規模な金融危機について、できるだけ多様な側面から接近しようとした。もちろん、私は予言が可能だとは思っていないが、未来を考えるさいには過去を振り返るしかないという意味で、歴史から未来を読もうとしていることは間違いない。

このささやかな本で紹介した歴史的事実から、これからのアメリカを予測し、さらにはこれからの日本を構想するヒントを得ていただければ幸いである。

今回のアメリカにおける住宅バブルとの付き合いは、実は、二〇〇三年ころにまでさかのぼる。ＩＴ（情報技術）バブルが崩壊したにもかかわらず、急速に回復したかに見えたアメリカ経済の「謎」を探っているうちに、それが住宅ブームによって支えられていることに気がついた。また、欧米の経済ジャーナリストや経済学者のなかには、すでにこのころから住宅バブルの崩壊を予測する人も存在していたのである。

そうした崩壊の予測に用いられているデータと、日本の八〇年代における不動産バブルを重ねて考えれば、いつかは崩壊の日がやってくることが予測できた。もちろん、それがいつかは分かるはずもなかったが、内外で発表される崩壊の予測やバブルについての情報は、可能な限り紹介しようとつとめた。

二〇〇七年夏、サブプライム問題が顕在化した直後に発表したのが、『文藝春秋』二〇〇七年十月号の「米住宅ローンで日本経済が沈む」であり、本書の「祖型」というべきものだった。ただし、住宅ローンの証券化が破綻することで、アメリカ経済や日本経済が後退するという予測は間違っていなかったが、予想をはるかに超えていたのは、デリバティブによる「保険」の仕組みが、あまりにも簡単にドミノ倒しのように倒壊していったことである。

胡散《うさん》臭いと思いつつも、高度な数学を用いるデリバティブは、いざというときのリスク回避になるという「神話」を、漠然と信じていた面があったのだろう。しかし、そうした高度な数学を用いる「保険」の仕組みすらも、ウォール街の恐るべき強欲は、手っ取り早い利益のために悪用していたのである。

今回の金融危機について、何か書いてみないかと声をかけてくださったのは、ＰＨＰ新書副編集長の横田紀彦氏だった。すでに多くの「サブプライム物」や「金融危機物」が刊行されていたので、私はひとつの「物語」として書いてみたいと申し出た。

むずかしい専門用語によって事件を分析するわけでもなく、また、自らが体験した金融界の内幕を暴くわけでもない本書が、今回の一連の事件を理解する一助となれば、私の執筆意図は達成されたことになる。数年来、ひそかに課題としてきたテーマを、本にするチャンスをあたえてくださった横田紀彦氏に改めて感謝したい。

二〇〇九年一月吉日

東谷　暁

参考文献

アレント、ハンナ『革命について』志水速雄訳　ちくま学芸文庫　一九九五年
相田洋ほか『マネー革命1～3』NHK出版　一九九九年
エーベンシュタイン、L『最強の経済学者ミルトン・フリードマン』大野一訳　日経BP社　二〇〇八年
エリアーデ、M『生と再生』堀一郎訳　東京大学出版会　一九七一年
小笠原欣幸『衰退国家の政治経済学』勁草書房　一九九三年
オバマ、バラク『合衆国再生』棚橋志行訳　ダイヤモンド社　二〇〇七年
江川由紀雄『サブプライム問題の教訓』商事法務　二〇〇七年
ガルブレイス、J・K『大恐慌』小原敬士訳　徳間書房　一九七一年
木村　敏『時間と自己』中公新書　一九八二年
――『分裂病の現象学』弘文堂　一九七五年
キンドルバーガー、C・P『熱狂、恐慌、崩壊　金融恐慌の歴史』吉野・八木訳　日本経済新聞社　二〇〇四年
倉都康行『投資銀行バブルの終焉』日経BP社　二〇〇八年
倉橋透・小林正宏『サブプライム問題の正しい考え方』中公新書　二〇〇八年
クリック、バーナード『現代政治学の系譜』内山ほか訳　時潮社　一九七三年

グリーンスパン、アラン『波乱の時代　上・下』山岡・高遠訳　日本経済新聞社　二〇〇七年
――『波乱の時代　特別版』山岡洋一訳　日本経済新聞社　二〇〇八年
クルーグマン、ポール『通貨政策の経済学』林・河野訳　東洋経済新報社　一九九八年
小林正宏・大類雄司『世界金融危機はなぜ起こったか』東洋経済新報社　二〇〇八年
ゴードン、R・J編『フリードマンの貨幣理論』加藤寛孝訳　マグロウヒル好学社　一九七八年
ストレンジ、スーザン『マッド・マネー』櫻井公人ほか訳　岩波書店　一九九九年
竹森俊平『1997年――世界を変えた金融危機』朝日新書　二〇〇七年
――『資本主義は嫌いですか』日本経済新聞社　二〇〇八年
ドゥルーズ、G　ガタリ、F『アンチ・オイディプス』市倉宏祐訳　河出書房新社　一九八六年
トマス、G　モーガン＝ウィッツ、M『ウォール街の崩壊　上・下』常盤新平訳　講談社学術文庫　一九九八年
中村英雄『ジョン・ローの周辺』千倉書房　一九九六年
ハイエク、F・A『個人主義と経済秩序』嘉治元郎・嘉治佐代訳　春秋社　一九九〇年
――『法と立法と自由Ⅱ』篠塚慎吾訳　春秋社　一九八七年
パーキンス、A　M・パーキンス『インターネットバブル』斎藤精一郎訳　日本経済新聞社　二〇〇〇年
ハーチャー、ピーター『検証グリーンスパン神話』中島早苗訳　アスペクト　二〇〇六年
パートノイ、フランク『大破局』森下賢一訳　徳間書店　一九九八年
バーンスタイン、ピーター『リスク　神々への反逆』日本経済新聞社　一九九八年

――『証券投資の思想革命　普及版』青山・山口訳　東洋経済新報社　二〇〇六年
原田　泰『日本の失われた十年』日本経済新聞社　一九九九年
バラバシ、アルバート・ラズロ『新ネットワーク思考』NHK出版　二〇〇二年
春山昇華『サブプライム問題とは何か』宝島社新書　二〇〇七年
――『サブプライム後に何が起きているのか』宝島新書　二〇〇八年
ブラインダー、A　イェレン、J『良い政策　悪い政策』山岡洋一訳　日経BP社　二〇〇二年
フリードマン、ミルトン『資本主義と自由』熊谷他訳　マグロウヒル好学社　一九七五年
フレッケンシュタイン、W　シーハン、F『グリーンスパンの正体』鈴木南日子訳　エクスナレッジ　二〇〇八年
堀川直人『ウォール街の闇』PHP研究所　二〇〇八年
みずほ総合研究所編『サブプライム金融危機』日本経済新聞社　二〇〇七年
神谷秀樹『強欲資本主義の自爆』文春新書　二〇〇八年
ミンスキー、ハイマン『金融不安低性の経済学』吉野・浅田・内田訳　多賀出版　一九八九年
モリス、C・R『なぜ、アメリカ経済は崩壊に向かうのか』山岡洋一訳　日本経済新聞社　二〇〇八年
吉冨　勝『日本経済の真実』東洋経済新報社　一九九八年
――『アジア経済の真実』東洋経済新報社　二〇〇三年
ラジャン、R　ジンガレス、L『セイヴィング　キャピタリズム』堀内他訳　慶應義塾大学出版会　二〇〇六年

ローウェインスタイン、R『なぜ資本主義は暴走するのか』鬼澤忍訳　日本経済新聞社　二〇〇五年
ワッツ、ダンカン『スモールワールド』東京電機大学出版局　二〇〇六年
Allen, F. L. *Only Yesterday.* Pernnial Classics, 2000（F・L・アレン『オンリー・イエスタデイ』藤久ミネ訳　筑摩書房）
Frankel, J. P. R.Orsazag.ed. *American Economic Policy in the 1990s.* MIT Press, 2002
Kapstein, Ethan, B. *Governing The Global Economy.* Harbard University Press, 1994
Knight, F. H. *Risk, Uncertainty and Profit.* Dover Publication, 2006（『危険・不確実性および利潤』奥隅栄喜訳　文雅堂銀行研究社　一九五九年）
Krugman, P. *Conscience of a Liberal.* W.W. Norton&Company, 2007（『格差はつくられた』三上義一訳　早川書房　二〇〇八年）
Friedman, Milton. *Essays in Positive Economics.* The University of Chicago Books, 1953
————Price Theory. Transaction Publishers, 2007
Hayek, F. A. "An Interview with F. A. Hayek." Cato Policy Report,vol. V, no. 2, February 1983
Martin, Justin. *Greenspan: The Man behind Money.* Perseus Publishing, 2000
Mead, W. R. *God and Gold: Britain, America and the Making of the Modern World.* Atlantic Books, 2007
Mian, Atif. Amir Sufi. "The Consequences of Mortgage Credit Expansion:Evidence from the 2007 Mortgage Default Crisis." December 2007
Piketty, T. Emmanuel Saez. "Income Inequality in the United States, 1913-1998." Quarterly Journal of Economics,

Vol. CXVIII February 2003
——"The Evolution of Top Incomes: A Historical and International Perspective." AEA Paper and Proceedings, May 2006 VOL.96 No.2
Rajan, R. Anil Kashjap, Jeremy Stein. "Rethinking Capital Regulation." Conference Draft for FRB of Kansas City symposium, August 2008
Serra, N. Stiglitz, J. ed. *The Washington Consensus Reconsidered.* Oxford University Press, 2008
Shiller, R. J. *Irrational Exuberance.* Princeton University Press, 2000
——*Irrational exuberance 2d.* Currency Boubleday, 2005
——*The Subprime Solution.* Princeton University Press, 2008
Sloan, J. W. *The Reagan Effect.* The University of Kansas, 1999
Sunstein, Cass. *Republic. Com.* Princeton University Press, 2001（『インターネットは民主主義の敵か』毎日新聞社　二〇〇三年）
Woodward, B. *Maestro:Greenspan's Fed and The American Boom.* Simon & Schuster, 2000（『グリーンスパン』山岡・高遠訳　日本経済新聞社　二〇〇一年）
東谷　暁「米住宅ローンで日本経済が沈む」（『文藝春秋』二〇〇七年十月号）
——『世界金融経済の「支配者」』祥伝社　二〇〇六年
——『エコノミストは信用できるか』文春新書　二〇〇三年
——『ＢＩＳ規制の嘘』日刊工業新聞社　一九九九年

PHP新書
PHP INTERFACE
http://www.php.co.jp/

東谷 暁［ひがしたに・さとし］

1953年山形県生まれ。早稲田大学政治経済学部卒業。経済誌や言論誌などの編集に携わり、97年よりフリーのジャーナリスト。著書は『エコノミストは信用できるか』『金より大事なものがある』(以上、文春新書)、『世界金融経済の「支配者」』(祥伝社新書)、『ビジネス法則の落とし穴』(学研新書)、『増補 民営化という虚妄』(ちくま文庫)、『世界と日本経済30のデタラメ』(幻冬舎新書)など多数ある。

世界金融崩壊 七つの罪

PHP新書582

二〇〇九年三月二日 第一版第一刷

著者――東谷 暁
発行者――江口克彦
発行所――PHP研究所
東京本部――〒102-8331 千代田区三番町3-10
新書出版部 ☎03-3239-6298(編集)
普及一部 ☎03-3239-6233(販売)
京都本部――〒601-8411 京都市南区西九条北ノ内町11
組版――朝日メディアインターナショナル株式会社
装幀者――芦澤泰偉+児崎雅淑
印刷所・製本所――図書印刷株式会社

ISBN978-4-569-70687-0

ＰＨＰ新書刊行にあたって

「繁栄を通じて平和と幸福を」(PEACE and HAPPINESS through PROSPERITY)の願いのもと、ＰＨＰ研究所が創設されて今年で五十周年を迎えます。その歩みは、日本人が先の戦争を乗り越え、並々ならぬ努力を続けて、今日の繁栄を築き上げてきた軌跡に重なります。

しかし、平和で豊かな生活を手にした現在、多くの日本人は、自分が何のために生きているのか、どのように生きていきたいのかを、見失いつつあるように思われます。そして、その間にも、日本国内や世界のみならず地球規模での大きな変化が日々生起し、解決すべき問題となって私たちのもとに押し寄せてきます。

このような時代に人生の確かな価値を見出し、生きる喜びに満ちあふれた社会を実現するために、いま何が求められているのでしょうか。それは、先達が培ってきた知恵を紡ぎ直すこと、その上で自分たち一人一人がおかれた現実と進むべき未来について丹念に考えていくこと以外にはありません。

その営みは、単なる知識に終わらない深い思索へ、そしてよく生きるための哲学への旅でもあります。弊所が創設五十周年を迎えましたのを機に、ＰＨＰ新書を創刊し、この新たな旅を読者と共に歩んでいきたいと思っています。多くの読者の共感と支援を心よりお願いいたします。

一九九六年十月

ＰＨＰ研究所